小倉正義 **編著**

# 発達障がい と いじめ

発達の多様性に
応える

## 予防と介入

学苑社

# は じ め に

　2021 年 4 月に、「発達の多様性に応えることのできる教育と社会を創り、持続可能で多様性と包摂性のある社会の実現に寄与すること」を目的として、鳴門教育大学に発達臨床センターがオープンしました。そして、私事ですが、筆者はその初代所長に就任させていただきました。所長に就任して最初の大きな仕事が、開所記念のシンポジウムを開催することでした。上記のセンターの目的と合致する内容として、どんなテーマのシンポジウムがよいか、いろいろと考えたのですが、最終的には「持続可能で多様性と包摂性のある社会の実現」のためには、「発達障がいといじめ」というテーマに真正面から向き合う必要があると考えるに至りました。どうして、このような考えに至ったのかは、十分に言葉で説明することはできませんが、おおまかにいえば（そのままですが）発達障がいの子どもたちが関係するいじめへの予防や介入のためには、発達の多様性に応えることのできる教育や社会を創ることが必要不可欠だと考えたからです。また、鳴門教育大学では、上越教育大学・福岡教育大学・宮城教育大学と教員養成 4 大学が連携していじめ防止支援プロジェクト（BP プロジェクト）を平成 27 年から始めていたため、このテーマについて論じる素地もできていたことも理由の 1 つです。

　このようなプロセスを経て、鳴門教育大学発達臨床センター主催の「発達障がいといじめ」のシンポジウムは 2021 年 9 月に無事に開催されました。シンポジウムには、本書も執筆していただいている、畿央大学の大久保賢一先生、宮城教育大学の久保順也先生、そして、鳴門教育大学のいじめ防止支援機構長でもある池田誠喜先生にご登壇いただきました。オンライン開催でしたが、事前に締切らなければいけないくらい、本当にたくさんの方にご参加いただいて、さまざまな議論をすることができました。このシンポジウムでの議論を通して、「発達障がいといじめ」のテーマに取り組むことは、特別支援教育につ

いて、もっと大きくいえばわが国の教育の在り方について深く検討することに通じると改めて感じることができました。

　本書の企画を立て始めたのが、このシンポジウムの後からですので、本書の構成や内容には、このシンポジウムで議論したことが少なからず影響を与えています。そして、いざ本書の編集・執筆作業を進めていく中で本当にいろいろなことを考え、細かい変更をたくさんしましたが、最初からぶれることがなかったのは、子どもたちを中心に描きたいということと、明日からの「生きる」につながる希望をもつことができる本にしたいという思いでした。

　以下に、少しだけ本書の流れを説明しておきます。タイトルが「発達障がいといじめ」なので、第1部から第3部のタイトルには発達障がいという言葉は入れませんでした。シンポジウムに登壇いただいた先生方に加えて、さらに多くの発達障がいの臨床や研究に携わっている先生方に執筆していただきました。このテーマで本を創るなら、お願いしたかった先生方にお願いすることができました。以下、内容を紹介するため、自分で書いたかのような記述になっていますが、多くの先生方に関わっていただいたからこそ実現できた内容になっています。

　第1部では、「いじめへの認識とその実態」と表して、いじめを考えるうえで前提となる、いじめを捉えるための枠組みや、それぞれの発達障がいの特性といじめの関連などについて説明しました。諸外国の研究なども参考にしながら、わが国における「発達障がいといじめ」に関する実態が浮かび上がるように工夫してまとめました。

　第2部では、「いじめの予防の実際」と表して、さまざまな角度から発達障がいの子どもたちを想定しながら、いじめの予防について論じていただきました。紙面に限りがあるので、いじめ予防の全ての観点を取り入れることができたわけではありませんが、かなり充実した内容になったのではないかと思います。各章のタイトルを見ていただいたらわかるかと思いますが、「幼児期」「ポジティブ行動支援」「学級経営」「援助要請行動」「女の子グループ」「障がい理解」などいじめを考える上で重要なキーワードがたくさん含まれています。

　第3部では、いじめの介入の実際について、架空事例をベースにしながら論

じました。第1部・第2部でも具体的なイメージをもってもらいやすいように、具体的なエピソードを入れていますが、第3部はより具体的になるように架空事例を増やすことにより、読者が目の前の子どもたちとつなげて考えてもらうことができるように工夫しました。

そして、それぞれの部の後に、本編とは少し違う形でコラムを入れさせていただいています。詳しくは後ほど説明しますが、コラムには発達障がいの保護者の皆様への想いをできるだけ載せるように工夫しました。

本書の大きな流れは、「認識とその実態→予防→介入」となっていますが、各部のタイトルはあくまでメインテーマを記述しているだけで、実はそれぞれの章にはさまざまなエッセンスが含まれていて、全ての章が有機的に絡まり合って、本書ができていると思っています。そのため、最初から読んでいただいた方が読みやすく理解も深まりやすいとは思いますが、どの章から読んでいただいても後でそれぞれの章がつながる内容になっていると自負しています。

なお、「しょうがい」の表記については、徳島県の「障がいのある人も無い人も、お互いに支え合い、『生き生きと心豊かに』暮らしていける社会を目指すとともに、人権尊重や障がい福祉に対する県民理解の一層の促進を図る」（https://www.pref.tokushima.lg.jp/shougaisha_koyou_navi/）という方針にならい、「障がい」と表記しています。ただし、法令、条例等に基づく表記、施設や団体の固有名詞、医学用語などはそのまま「障害」と表記しました。

小倉正義

# 目　　次

はじめに　1

## 第1部　いじめへの認識とその実態

### 第1章　いじめを認識するために　　　　　　　　小倉正義　10

1　いじめとは何か ………………………………………………… 10
2　わが国におけるいじめ防止対策の変遷とその背景 ………… 11
3　いじめの定義の変遷 …………………………………………… 15
4　いじめの種類 …………………………………………………… 18
5　いじめの構造 …………………………………………………… 19
6　対応するための定義 …………………………………………… 21
7　いじめの定義をユニバーサル化する ………………………… 23
8　障がいがあるために受けるいじめについて ………………… 24
9　おわりに――ここまでの議論に出てこなかったこと ……… 26

### 第2章　発達障がいといじめの関連　　　　　　　小倉正義
　　　　　──発見・対応のポイントとその影響　　山西健斗　30

1　ASD といじめ ………………………………………………… 31
2　ADHD といじめ ……………………………………………… 38
3　LD といじめ …………………………………………………… 41
4　その他の発達障がいのいじめ ………………………………… 43
5　周囲に広まっている誤った考え方 …………………………… 44
6　おわりに ………………………………………………………… 45
　● コラム①　親視点からみたいじめの実態 ……… 49

# 第2部 いじめの予防の実際

## 第3章 統合保育といじめ予防 　　原口英之　52

1 はじめに——幼稚園・保育所における発達障がいのある子どもの支援の実態 ……… 52
2 幼稚園・保育所における幼児のいじめの実態と社会性の支援 ……… 54
3 おわりに——子どもの発達の支援の重要性 ……… 65

## 第4章 ポジティブ行動支援(PBS)の推進から期待されるいじめ防止効果 　　大久保賢一　66

1 ポジティブ行動支援(Positive Behavior Support: PBS)とは何か ……… 66
2 学校規模ポジティブ行動支援(SWPBS)の理論と実践 ……… 68
3 SWPBS 第1層支援の具体的手続き ……… 70
4 SWPBS におけるいじめ防止 ……… 72
5 おわりに ……… 76

## 第5章 発達障がいのある児童生徒のいじめ被害を予防する学級経営 　　久保順也　78

1 はじめに——いじめ相談の現場から ……… 78
2 宮城教育大学 BP プロジェクトの取り組み ……… 79
3 被害と加害のあいだで起こっていること ……… 83
4 教員・学校のできること——インクルーシブ学級経営・学校経営 ……… 83
5 安心・安全な学級を目指して——p4c を用いた学級経営 ……… 86
6 いじめ被害や加害を超えて——まとめに代えて ……… 88

## 第6章 発達障がいのある子どものいじめ予防の援助要請の促進 　　本田真大　89

1 援助要請の心理 ……… 89
2 いじめの援助要請 ……… 90
3 発達障がいと援助要請 ……… 90

4 発達障がいのある子どものいじめ予防のための援助要請の促進 ……… 93
5 まとめ ………………………………………………………………… 99

第**7**章 女の子のグループ活動からみる いじめ予防　　　　　　　　　　　川上ちひろ 102

1 はじめに ……………………………………………………………… 102
2 発達障がいのある女の子がいじめられる、いじめること ………… 102
3 いじめ予防の1つとしての"女の子向けグループ活動" ………… 105
4 "女の子向けグループ活動"の効果として考えられること ……… 112
5 さいごに ……………………………………………………………… 115

第**8**章 障がい理解教育といじめ予防　　　　　　　　　　山根隆宏 116

1 共生社会と障がい理解 ……………………………………………… 116
2 障がい理解教育の実態 ……………………………………………… 117
3 障がい理解の発達段階 ……………………………………………… 118
4 子どもの道徳性や向社会的判断の発達段階 ……………………… 120
5 発達障がいの障がい理解教育 ……………………………………… 122
6 障がいについて子どもにどう説明をするか ……………………… 124
7 多様性理解——普遍性と個別性の理解 …………………………… 125
8 おわりに——多様性の尊重とその葛藤を乗り越えて …………… 127
　コラム② 学校からのサポート ……… 129

# 第**3**部 いじめへの介入の実際

第**9**章 いじめ被害者への心理支援　　　　　　　　　飯田　愛 小倉正義 132

1 助けを求められなかったショウさん ……………………………… 132
2 リストカットをやめられないサクラさん ………………………… 136
3 つながり、関わりを広げるための支援 …………………………… 142
4 おわりに ……………………………………………………………… 148

第**10**章　いじめ加害者への心理教育　　　　　　　小倉正義
　　　　　　　　　　　　　　　　　　　　　　　　飯田　愛　150

1　自分の話を聴いてほしかったテルさん ……………………………… 150
2　正義感からやり過ぎてしまったマコトさん ………………………… 155
3　「仲間」が欲しかったアキラさん …………………………………… 158
4　おわりに ……………………………………………………………… 163

第**11**章　トラウマへのアプローチ　　　　　　　　小倉正義
　　　　　　　　　　　　　　　　　　　　　　　　内海千種　165

1　トラウマとは ………………………………………………………… 165
2　トラウマの影響のあらわれ方 ……………………………………… 167
3　突然泣き出したリンさん …………………………………………… 168
4　トラウマへの理解と対応──3つのEと4つのR ………………… 170
5　リマインダーへの配慮 ……………………………………………… 173
6　おわりに ……………………………………………………………… 174

第**12**章　学校における組織としての
　　　　　いじめへの介入　　　　　　　　　　　　池田誠喜　177

1　いじめ防止で求められる組織的取り組みと課題 ………………… 177
2　組織的取り組みの構造化 …………………………………………… 179
3　組織的取り組みの実際（事例から） ……………………………… 184

第**13**章　チームとしての対応　　　　　　　　　　小倉正義　189

1　チームとしての学校 ………………………………………………… 189
2　チームとしての学校のメンバー …………………………………… 190
3　架空事例における多職種連携 ……………………………………… 194
4　おわりに ……………………………………………………………… 197
　　コラム③　保護者からのメッセージ …… 199

おわりに　201

# 第 1 部

# いじめへの認識と
# その実態

# いじめを認識するために

　「発達障がいといじめ」に限ったことではなく、いじめへの対応を考えるうえでは、まず、いじめを「認識すること（Recognize）」が大切だと言われています（Ernsperger, 2016 など）。そして、いじめを認識するためには、いじめという誰もが知っているようでいて、実は抽象的でつかみづらい概念について正面から向き合うことが必要不可欠です。

　本章では、まずは「いじめとは何か？」という問いかけについて考えることからはじめ、いじめ防止対策の変遷、いじめの定義の変遷、いじめの種類、いじめの構造といったいじめを考えるための基本的な事項について整理したうえで、本書の本題である「発達障がいといじめ」について考える前提として必要なことを述べていきたいと思います。

## 1　いじめとは何か

「いじめとは何か？」

　皆さんは、この問いかけに答えることができるでしょうか？　また、この問いかけに答えるとしたらどのように答えるでしょうか。

　この「いじめとは何か？」という問いかけについて考え、答えるためには、いじめという概念を定義することが重要になります。「あれこれ論じなくてもいじめはいじめだろう」「人によって違うのではないか」という意見もあるかもしれません。そして、それはまさにそのとおりだと思います。しかし、いじめを定義しないままでいると、過去のニュースなどでもよく報じられていたように、「いじめがあったかなかったか」「いじめかそうでないか」といったこと

にばかり関心が集まることになりますし、それぞれ定義が違えば結論も異なることになってしまうので、いつまでたっても結論を得ることができないでしょう。もちろん、「いじめかそうではないか」「いじめがあったかなかったか」の議論が重要ではないわけではありませんが、まさに学校現場で目の前で起きている出来事に対応しなければいけない状況の中では、「いじめかそうではないか」「いじめがあったかなかったか」の議論を優先し、その議論に時間を使うことにあまり意味があるとは思われません。目の前にいじめと思われる出来事が起こっているのであれば、一刻も早く、関係者が一丸となって対応することが求められるはずです。

また、いじめには実にさまざまな種類の行為があり、遊びやからかいに近いレベルから犯罪のレベルまでその程度も多様です。また、行われている行為は同じであったとしても、それがいじめなのかどうか、いじめだとしたらそれはどの程度なのかについて、加害者、被害者、周囲の子どもたち、また先生や保護者などの大人たちの判断が完全に一致することはないでしょうし、それぞれの判断が大きく異なる場合も少なくないでしょう。

このようなことから、普段からいじめとは何かを関係者が共有し、いじめかどうかを判断したうえで、どのように対応につなげるかが大切です。わが国におけるいじめ研究の第一人者であった森田も述べていますが、現実にいじめに対応する場合は目の前に起きている現象がいじめだと判断することから始まるといってよい（森田，2010）というのは、まさにそのとおりだと思われます。

## 2　わが国におけるいじめ防止対策の変遷とその背景

ここでいじめの定義について論じていきたいところですが、その前にいじめの定義とも密接に関わっているわが国におけるいじめ防止対策の変遷とその背景について、筆者の過去の論考（小倉，2016；小倉，2019 など）を参考にしながら整理します。もちろん全ての事象を取り扱えるわけではありませんが、大まかな流れをつかんでいただけたらと思います。

わが国で、いじめ問題が世間の大きな関心を集め、新聞や雑誌で広く報道され、研究や調査が発表され始めたのは、1980 年代前半、つまり約 40 年前のこ

とです。それより以前からも間違いなくいじめは起こっていたと思われますが、いじめが世間的に大きく問題視されるようになったのがこの時期と考えてよいでしょう。この時期にいじめが問題視されるようになった原因は、さまざまな視点からの検証が必要になりますが、ここではその原因は追及せずに経過だけを紹介したいと思います。

　上述したように、いじめが問題視され始めてから、いくつかの悲しい事件とマス・メディアの報道をきっかけに、世間のいじめへの捉え方は変化してきました。以下に大きく報道されたいじめ事件を挙げながら、その変遷をみていきます。なお、事件の名称としては、通称として多く使われていると思われる名称を用いました。

　1985 年頃から世間でいじめによる自死が問題視されるようになっていましたが、中でも 1986 年に東京都中野区の中学校で起きたいじめ事件は、世間でいじめが注目されるようになった大きな契機であったと考えられます。この事件では「葬式ごっこ」というキーワードを元に大きく報道され、世間に大きな衝撃を与えました。同時期に文部省（当時）は、「児童生徒のいじめの問題に関する指導の充実について」という通知を出し、同じく 1985 年には「生徒指導上の諸問題に関する調査」の中でいじめに関する実態調査も行われるようになりました。

　1993 年には、山形県でいじめマット死事件と呼ばれる、中学 1 年生の男子生徒が通っていた中学校の体育館用具室内で遺体となって発見された事件が起こっています。また 1994 年には、当時中学 2 年生の男子生徒がいじめにより自死を選んだ事件が、マスコミで大きく取り上げられました。この事件では、自死を選んだ男子生徒の長文の遺書が発見され、いじめに苦しみ自死に至るまでのプロセスが報道されました。この後、1994 年に文部省（当時）は、「いじめ緊急対策会議」を設置し、同会議の緊急アピールなどを元に施策を進めていきました。いじめの深刻化や不登校児童生徒への対応のために、スクールカウンセラー活用調査事業が始まったのもこの時期です。

　2000 年代半ばにも、いじめが原因と考えられる自死やいじめ問題が相次いで報道されました。そして、2006 年には文部科学省からいじめ問題への取り組みの徹底について通知が出されており、その通知の中では、いじめを行う児

童生徒への出席停止や警察との連携による措置についても触れられました。

　さらに、2011 年には大津市でのいじめ問題への対応をめぐる流れが、大きく報道されました。そして、この大津市におけるいじめとそのいじめをめぐるさまざまな問題が誘因になったとも言われていますが、2013 年 6 月 28 日にはいじめ防止対策推進法が公布されました。

　表 1-1 にいじめ防止対策推進法の概要を示しますが、内容について簡単に説明します。少し長い引用になりますが、以下は文部科学省による説明です。

> 「いじめが、いじめを受けた児童等の教育を受ける権利を著しく侵害し、その心身の健全な成長及び人格の形成に重大な影響を与えるのみならず、その生命又は身体に重大な危険を生じさせるおそれがあるものであることに鑑み、いじめの防止等のための対策を総合的かつ効果的に推進するため、いじめの防止等のための対策に関し、基本理念を定め、国及び地方公共団体等の責務を明らかにし、並びにいじめの防止等のための対策に関する基本的な方針の策定について定めるとともに、いじめの防止等のための対策の基本となる事項を定めるもの」（文部科学省，2013）

　この法の総則では、いじめの定義、基本理念、いじめの禁止、国・地方公共団体・学校の設置者・学校及び学校の教職員・保護者の責務について述べた後、財政上の措置についても触れられています。

　法の目的からすれば当然ですが、第 4 条には「児童等は、いじめを行ってはならない。」と明確に定められています。また、国・地方公共団体・学校の設置者・学校・教職員・保護者が、それぞれ立場でどんな責務が課せられているかも詳しく記されてあります。この法律がどのような法律であるか、読んだことがない方は、ぜひご一読いただきたいと思います。また、いじめ防止対策推進法に基づき、同じく 2013 年 10 月には文部科学省から、「いじめの防止等のための基本的な方針」が出されています（文部科学省，2013）。

　その後、2017 年 3 月にはこの「いじめの防止等のための基本的な方針」が改訂され、「いじめの重大事態の調査に関するガイドライン」も策定されています（文部科学省，2017）。さらに、2019 年には、法に規定された警察の役割について改めて認識するとともに、学校等との緊密な関係を構築するなどして、

## 表 1-1　いじめ防止対策推進法の概要

**一　総則**

1　「いじめ」を「児童等に対して、当該児童等が在籍する学校（※）に在籍している等当該児童等と一定の人的関係にある他の児童等が行う心理的又は物理的な影響を与える行為（インターネットを通じて行われるものを含む。）であって、当該行為の対象となった児童等が心身の苦痛を感じているもの」と定義すること。

※小学校、中学校、高等学校、中等教育学校及び特別支援学校（幼稚部を除く。）

2　いじめの防止等のための対策の基本理念、いじめの禁止、関係者の責務等を定めること。

**二　いじめの防止基本方針等**

1　国、地方公共団体及び学校の各主体による「いじめの防止等のための対策に関する基本的な方針」の策定（※）について定めること。

※国及び学校は策定の義務、地方公共団体は策定の努力義務

2　地方公共団体は、関係機関等の連携を図るため、学校、教育委員会、児童相談所、法務局、警察その他の関係者により構成されるいじめ問題対策連絡協議会を置くことができること。

**三　基本的施策・いじめの防止等に関する措置**

1　学校の設置者及び学校が講ずべき基本的施策として⑴道徳教育等の充実、⑵早期発見のための措置、⑶相談体制の整備、⑷インターネットを通じて行われるいじめに対する対策の推進を定めるとともに、国及び地方公共団体が講ずべき基本的施策として⑸いじめの防止等の対策に従事する人材の確保等、⑹調査研究の推進、⑺啓発活動について定めること。

2　学校は、いじめの防止等に関する措置を実効的に行うため、複数の教職員、心理、福祉等の専門家その他の関係者により構成される組織を置くこと。

3　個別のいじめに対して学校が講ずべき措置として⑴いじめの事実確認、⑵いじめを受けた児童生徒又はその保護者に対する支援、⑶いじめを行った児童生徒に対する指導又はその保護者に対する助言について定めるとともに、いじめが犯罪行為として取り扱われるべきものであると認めるときの所轄警察署との連携について定めること。

4　懲戒、出席停止制度の適切な運用等その他いじめの防止等に関する措置を定めること。

**四　重大事態への対処**

1　学校の設置者又はその設置する学校は、重大事態に対処し、及び同種の事態の発生の防止に資するため、速やかに、適切な方法により事実関係を明確にするための調査を行うものとすること。

2　学校の設置者又はその設置する学校は、1の調査を行ったときは、当該調査に係るいじめを受けた児童生徒及びその保護者に対し、必要な情報を適切に提供するものとすること。

3　地方公共団体の長等（※）に対する重大事態が発生した旨の報告、地方公共団体の長等による1の調査の再調査、再調査の結果を踏まえて措置を講ずること等について定めること。

※公立学校は地方公共団体の長、国立学校は文部科学大臣、私立学校は所轄庁である都道府県知事

**五　雑則**

学校評価における留意事項及び高等専門学校における措置に関する規定を設けること。

文部科学省（2013）．別添1　いじめ防止対策推進法の概要．をもとに作成．

学校におけるいじめ問題への的確な対応を一層推進するために、「いじめ問題への的確な対応に向けた警察との連携について」という通知も出されています（文部科学省．2019）。

　本当に大まかにですが、わが国のいじめ防止対策の流れをみてきました。いじめが問題視されるようになってから約40年の月日を経て、やっとここまできたという感じでしょうか。もちろん法整備ができたらそれで終わりというわけではなく、この法律を基にして、さまざまな予防や早期発見・早期介入のための取り組みがなされていくように各自治体や学校で考えていかなければなりません。

## 3　いじめの定義の変遷

　わが国におけるいじめ防止対策の変遷とその背景をみてきましたが、そのなかでいじめへの捉え方も変わってきました。ここでは、文部科学省（当初は文部省）によるいじめの定義の変遷をみることで、いじめの定義についてさらに考えていきたいと思います。

　文部省（当時）（1985）は、いじめを「①自分より弱い者に対して一方的に、②身体的・心理的な攻撃を継続的に加え、③相手が深刻な苦痛を感じているもの。なお、起こった場所は学校の内外を問わない」と定義しており、この定義に基づいていじめの実態調査が始まりました。1994年度と2006年度の調査時に、定義の見直しや対象の拡大が行なわれ（文部省．1995：文部科学省．2006）、2013年のいじめ防止対策推進法では「児童等に対して、当該児童等が在籍する学校に在籍している等当該児童等と一定の人的関係にある他の児童等が行う心理的又は物理的な影響を与える行為（インターネットを通じて行われるものを含む。）であって、当該行為の対象となった児童等が心身の苦痛を感じているもの」と定義されています。

　なお、1985年からいじめ防止対策推進法のいじめの定義の変遷の詳細については、表1-2を参照してください。

　いじめ防止対策推進法による定義にも賛否両論あると思われますが、この法による定義のプラスの面としては、少なくともいじめである行為がいじめでは

ないとされる可能性は最小限に抑えられ、「いじめかそうでないか」という議論にいたずらに時間をかける可能性が少なくなった点にあるのではないかと思われます。その理由としては、加害者と被害者の間に力の不均衡があったかどうかは問題にされず、「当該行為の対象となった児童等が心身の苦痛を感じている」ことが重視され、その心身の苦痛の程度にも言及されていない点にある

**表 I-2　いじめに関する調査等におけるいじめの定義の変遷**

| | 1985 年度〜<br>1993 年度調査 | 1994 年度〜<br>2005 年度調査 | 2006 年度〜<br>2012 年度調査 | いじめ防止対策<br>推進法 |
|---|---|---|---|---|
| 対象 | 公立小・中・高等学校 | 公立・小・中・高等学校、公立特殊教育諸学校 | 国・公・私立小・中・高等学校、国・公・私立特別支援学校 | 小学校、中学校、高等学校、中等教育学校及び特別支援学校（幼稚部を除く） |
| いじめの定義 | ①自分よりも弱い者に対して、②身体的・心理的な攻撃を継続的に加え、③相手が深刻な苦痛を感じているもの、であって、学校としてその事実（関係児童生徒、いじめの内容等）を確認しているもの。なお、起こった場所は学校の内外を問わない。 | ①自分より弱い者に対して一方的に、②身体的・心理的な攻撃を継続的に加え、③相手が深刻な苦痛を感じているもの。なお、起こった場所は学校の内外を問わない。なお、個々の行為がいじめに当たるか否かの判断を表面的・形式的に行うことなく、いじめられた児童生徒の立場に立って行うこと。 | ①一定の人間関係のある者から、②心理的、物理的な攻撃を受けたことにより、③精神的な苦痛を感じているもの。なお、起こった場所は学校の内外を問わない。 | 児童等に対して、当該児童等が在籍する学校に在籍している等当該児童等と、①一定の人的関係にある他の児童等が行う②心理的又は物理的な影響を与える行為（インターネットを通じて行われるものを含む）であって、③当該行為の対象となった児童等が心身の苦痛を感じているもの。 |

国立教育政策研究所生徒指導研究センター（2009）．生徒指導資料第 I 週（改訂版）　生徒指導上の諸問題の推移とこれからの生徒指導－データにみる生徒指導の課題と展望．の資料を参考に、いじめ対策推進法までの流れをまとめた．

でしょう。力関係の不均衡や苦痛の深刻度はさまざまな角度から明らかにされた事実を詳細に検討しないと結論が導き出せない場合もあるでしょうし、そもそも関係者の捉えの違いも起きやすいために議論が難しくなりやすい部分もあると思われます。「当該行為の対象となった児童等が心身の苦痛を感じている」という点に絞ったことによって、できるだけ早く当該行為を「いじめ」と判断することができるようになったといえるでしょう。

　つまり、この法による定義は「いじめの実態を把握するため」、つまりは「いじめの認知」のための定義であると考えられます。この点について、阿形（2018）は、「『いじめを決して見落とさない、見逃さない』という強い願いで法律が作られた」と述べています。

　ここでいじめ「認知」という表現に関わって補足をしておきます。文部科学省の調査では、2007 年のいじめの定義の変更に伴い、それまで「いじめの発生件数」とされていた統計数が、「いじめの認知件数」と書き換えられるようになりました。このことからは、いじめは必ず発見できるものではなく、統計上出てくる数字はあくまでも学校が「認知」しているものだと認識することの大切さがうかがわれます。

　さらに、文部科学省（2016）は、「いじめの正確な認知に向けた教職員間での共通理解の形成及び新年度に向けた取組について」という通知を出しています。この通知では、平成 26 年度の調査における児童生徒 1,000 人当たりのいじめの認知件数について最多の都道府県と最少の都道府県とで 30 倍以上の開きが生じている点が指摘されており、いじめの芽や兆候であってもいじめに含んで考えるという方向性が確認されています。この考え方が徹底されることで、「これは『いじめ』ではないから『いじめ』として対応しなくてよい」と考えられてしまうケースが減り、初期段階での介入や関わりが可能になってくるのではないかと思っています。

　ちなみに、この平成 26 年度の調査における児童生徒 1,000 人当たりのいじめの認知件数の 30 倍以上の開きについては、文部科学省（2016）の通知の中でも「実態を反映したものとは言い難い状況」と強い言葉で指摘されています。法律ができて定義が変わっただけでは十分ではなく、そこに関わる人の取り組みが重要であることを示したものであるといってもよいでしょう。これだ

け定義がシンプルなものになったとしても、ここまでの開きが出てしまうということです。いじめを認知するため、つまりいじめをできるだけ早期に発見し、対応につなげるための取り組みは、教師・親・自治体の教育委員会などの関係者の不断の努力によってなされるものだということは、強く意識しておく必要があるでしょう。いじめ防止対策推進法ができたことは大きな出来事ですし、取り組みが推進されるきっかけとなり、これからさまざまな根拠にはなっていくと思いますが、実際の取り組みは人が行っていることも忘れてはなりません。

## 4　いじめの種類

　前節では、いじめの定義について整理しましたが、いじめとは何かを捉えて対応するためには、いじめの種類[1]についても知っておくことが大切だと思われます。

　文部科学省では、いじめの種類を捉えるために、以下のような項目で調査が行われています（文部科学省，2022 など）。

- 冷やかしやからかい、悪口や脅し文句、嫌なことを言われる。
- 仲間はずれ、集団による無視をされる。
- 軽くぶつかられたり、遊ぶふりをして叩かれたり、蹴られたりする。
- ひどくぶつかられたり、叩かれたり、蹴られたりする。
- 金品をたかられる。
- 金品を隠されたり、盗まれたり、壊されたり、捨てられたりする。
- 嫌なことや恥ずかしいこと、危険なことをされたり、させられたりする。
- パソコンや携帯電話等で、ひぼう・中傷や嫌なことをされる。
- その他

---

[1]　研究や調査報告によっては、いじめの類型、タイプ、態様などさまざまな表現をされている場合もありますが、ここでは種類という言葉を使いました。なお、文部科学省の調査では、態様という言葉が使われています。

　この調査の主な結果として、小・中学校及び特別支援学校においては、「冷やかしやからかい、悪口や脅し文句、嫌なことを言われる」が最も多く、続いて「軽くぶつかられたり、遊ぶふりをして叩かれたり、蹴られたりする」が多いこと、高等学校においては、「冷やかしやからかい、悪口や脅し文句、嫌なことを言われる」が最も多く、続いて「パソコンや携帯電話等で、ひぼう・中傷や嫌なことをされる」が多いことが報告されています（文部科学省，2022）。いじめの定義の中にも含まれてますが、いじめの種類としても、インターネットを介したいじめがあることは、2000 年代に入ってからの大きな特徴ともいえるでしょう。基本的には、いじめは見えないところでなされることが多いものと考えられますが、インターネットを介したいじめが行われることで、さらにその実態が見えにくくなっていることでしょう。

　それぞれの先行研究や調査報告によって、いじめの種類の分け方はさまざまですが、大まかにいうと、いじめを仲間外れや無視をされるといった「関係的いじめ」、からかわれるや悪口を言われるといった「言語的いじめ」、叩かれるや蹴られるといった「身体的いじめ」といった形で分類している研究が多いように思われます（田中他，2015 など）。

　いじめの種類は実にさまざまですし、実際にはここで挙げている 1 つの種類のいじめを行われている場合もあれば、複数の種類のいじめが同じ対象に行われている場合も少なくないことに留意をしておく必要があります。例えば、クラスの中で悪口を言われている子どもが、インターネット上でもっとひどい悪口を言われていたり、物を盗られていたりするといったことも起こっているのです。

## 5　いじめの構造

　定義から少し離れてしまいますが、いじめの種類とともに、いじめを考える上で重要なことがあります。ここまでの話ではあまり話題にしてきませんでしたが、いじめは一対一で起こるものというよりは集団の中で起こるものです。集団の中でいじめの加害者と被害者が隔離された関係で存在するのではなく、その加害者と被害者をめぐってさまざまな人間関係が存在する中でいじめは起

こります。学校教育の中では、学級集団がその集団のベースになることが多いと思われます。

　このようないじめの集団の中での構造として、わが国でよく引用されるものに、森田・清永（1994）の「いじめの四層構造」があります。いじめの四層構造は、いじめが加害者、被害者、観衆、傍観者の四層の子どもたちが絡まり合った構造の中で起こっていることを示したものです。四層構造のモデル図を図Ⅰ-Ⅰに示しておきます。それぞれの言葉からある程度意味が伝わるとは思いますが、この加害者、被害者、観衆、傍観者について少し説明しておきます。

　まず加害者は、いじめている子どものことであり、現実には複数の加害者がいる場合が多いでしょう。次に被害者は、いじめられている子どものことです。また、集団の力動の中では、加害、被害の両方を経験している者もいます。加害者はいつも加害者、被害者はいつも被害者であるというわけではないことを理解しておくことが大切でしょう。さらに観衆とは、いじめをはやし立てたり、面白がって見ていたりする子どものことで、加害の中心の子どもに同調・追従し、いじめを助長するという役割を果たしてしまいます。そして傍観者は、いじめを見て見ぬふりをする子どものことで、いじめに直接的に加担することはありませんが、加害者側には暗黙の了解と解釈され（実際に傍観者本

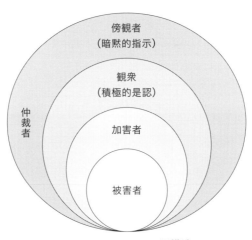

**図Ⅰ-Ⅰ　いじめの四層構造**
森田洋司・清永賢二（1994）．新訂版　いじめ―教室の病．金子書房．より作成．

人や加害者本人が意識しているかどうかは別ですが）、結果的にはいじめを促進してしまうことになってしまいがちです。

　森田・清永（1994）は、いじめ被害の多さは、加害者の多さよりも傍観者の多さと相関を示していることを指摘しています。このことから、傍観者の存在自体、もしくは傍観者である子どもたちがどのようにいじめに関わるかで、その後のいじめの状況は左右されると考えることもできます。例えば、傍観者がいじめに否定的な反応を示す仲裁者に変わるといじめの状況は揺らぐでしょう。そして、仲裁者が多数になれば、いじめの状況は明らかに変化し、いじめを終わらせる方向に向かうと考えられます。また、仲裁まではできなくても、いじめられている子に声をかける、いじめが起こっていることをいじめのアンケートに書く、先生や親に相談するなど何らかの形で行動を起こすこともいじめの状況を変えることにつながると思われます。これは予防にもつながる話ですが、全ての子どもたちにいじめへの関心をもつことができるように、普段から「いじめ」について学級で扱っておくことは重要だと思われます。

　本書では、いじめの加害・被害に注目して述べていますが、頭の中には常にこのいじめの四層構造を思い描いて論じていますので、皆さんも、被害者・加害者だけではなく、それ以外の子どもたち（観衆・傍観者・仲裁者など）のことも思い浮かべてもらいながら、読んでいただけたらと思います。

## 6　対応するための定義

　さて、再びいじめの定義の話に戻ります。先ほど、いじめの認知のためには、いじめ防止対策推進法の定義が有用であると述べましたが、いじめへの対応を考えるうえでは、いじめを一律に捉えるのではなく、いじめの芽や兆候といじめを分けて考えたり、重大さを評価したりする必要が出てきます。当然ですが、同じように「いじめ」と判断される出来事への対応であっても、一律に同じ対応をするのが妥当だということにはなりません。この点について阿形（2018）も「いじめの"認知"といじめの"対応"を分けて考える」ことの重要性を指摘しています。

　生徒指導提要（文部科学省，2010）では、「従来の調査基準にみられる、いじ

めは力の優位－劣位の関係に基づく力の乱用であり、攻撃が一過性でなく反復継続して行われるという指摘は、いじめの本質を的確に突いて」いると述べています。このように「力関係のアンバランスとその乱用」「被害性の存在」「継続性ないしは反復性」の３つの要素は、いじめへの対応を考えるうえでは忘れてはならない視点です。

　この３つの要素が含まれている定義としては、以下のSmith（2014）による定義があります。

- 攻撃行動（危害を加える意図あり）
- 身体的、言語的、ネットのいずれかの型の攻撃を通して直接的または間接的に行われる
- 力の不均衡がある（被害者は自分自身を守るのが困難である）
- 何らかの反復的な要素をもつ（頻繁に起こりうる）

　いじめ防止対策推進法の定義で「いじめ」と判断された行為を、もう一度、このSmith（2014）の定義にあてはめて考えると、その行為の特徴や指導すべき方向性が見えやすくなり、対応につながるのではないかと思われます。また、Smith（2014）の定義は、いじめへの対応だけでなく、いじめの芽や兆候を発見したり、いじめの予防を考えたりするうえでも重要な視点を与えてくれます。

　いわゆる重大自態とされるようないじめ事案・事件であったとしても、最初から激しい攻撃や行為を繰り返していたわけではないかもしれません。例えば、最初は力の不均衡が少ない、いわゆる「ケンカ」の範囲内で攻撃が行われていたとしても、攻撃的な意図をもった行動が繰り返し行われる中で力の不均衡が大きくなり、より激しい攻撃に発展するといった悪循環の中でいじめが止まらない状況になり、より深刻な状況になるといったことが起こりうるでしょう。本当にいじめの始まりまで辿ることができれば、もともとは比較的小さい（解決しやすい）状態である場合も少なくないのではないかと思いますし、実際に初期段階で対応できているからこそ、重大な事態にならなかったケースも数多く存在すると考えています。

## 7　いじめの定義をユニバーサル化する

　Gray（2003）は、従来のいじめの定義について、発達障がいの子どもたちの独特なニーズが考慮されていないことがよくある点を指摘し、特に「反復性」「意図」「感じ方・感情の違い」という独特な特性に沿って補正することを考えるべきであるとしています。

　Gray のいう「従来のいじめの定義」はわが国におけるものとは異なりますが、発達障がいの子どもたちの独特な特性やニーズによって補正するという考え方はわが国においても当然重要ですので、ここで紹介しておきます。Gray（2003）は、発達障がい（特に自閉スペクトラム症）のある子どもたちのことを考えた新しいいじめの定義として、以下のような定義を提案しています[2]。

- 標的にされた個人に対して、長期間にわたる（悪意と結びついている可能性のある）否定的行為を反復する
- 双方の（身体的、言語的、社会的、感情的）力の不均衡
- 発達障がいのある子どもの、即時、あるいは遅延する感情の特性による反応の対照的相違

　発達障がいの特性といじめとの関連について論じることは別の章にゆずりますが、この定義について少し述べておきます。Smith（2014）の定義もそうですが、Gray（2003）の定義といじめ防止対策推進法の定義の大きく異なる点は、法の定義には「当該行為の対象となった児童等が心身の苦痛を感じているもの」という記述がある点です。もちろん、この定義をどのように考えるかによるとは思いますが、文字通り読めば心身の苦痛を感じていない、あるいは心身の苦痛を感じていても言語化することができなければ「いじめ」とは判断できない（しなくてよい）と思われる可能性もあります。

　Gray（2003）も指摘するように、発達障がい、とりわけ自閉スペクトラム症の子どもたちは、悪意や意図の読みにくさ、「感じ方・感情の違い」がありま

---

2　翻訳を一部改変して載せています。

す。明らかに力の不均衡があり、自身を守ることが難しい状況であっても、それが「遊びだ」と相手から言われたら、苦痛を感じることが難しく（少なくても「つらい」「しんどい」という気持ちを言語化することは難しく）、「嫌だ」「やめてほしい」「いじめられている」というふうに訴えない場合も考えられるでしょう。

　このように、本人が「いじめではない」と感じている、もしくはそのように言わざるを得ない状況があることも考慮することは、発達障がいの子どもたちだけではなく、全ての子どもたちにとって必要なことだと思われます。

　逆に、自分としては相手のことが好きだから、繰り返し会いにいったり、一方的に話したりしていることが、相手にとっては負担感が大きかったり、怖さを感じていたりする場合もあるかもしれません。このような場合、その行為はいじめ防止対策推進法の定義では「いじめ」と判断されることにはなりますが、本人としてはまったく攻撃的な意図はないという場合も起こりうるわけです。もちろん、攻撃的な意図がないから加害者に非がないわけではありませんが、攻撃的な意図がある場合とそうでない場合では、加害者の子どもたちへの指導内容も変わってくるでしょう。

　以上のようなことから、いじめの定義は法によるもので統一するのがよいかもしれませんが、少なくとも発達障がいといじめへの対応を考えるうえでは、発達障がいのあるその子どもの特性を考慮に入れていじめを捉えることは重要だと思われます。

## 8　障がいがあるために受けるいじめについて

　保護者からの相談の中で、特別支援学級への入級にあたって、「特別支援学級に入ることでいじめられるのではないか」という不安や心配が語られることがあります。当事者の子どもたちからも、「他の子どもたちと違ったことをするのが嫌だ」「あそこの学級に行くと馬鹿にされる」という不安や心配が語られることもあります。特別支援学級に入級する以外にも、通級による指導を受けたり、何らかの特別な配慮を受けたりすることでいじめられるのではないかという不安や心配も、同じように保護者や子どもたち自身から伺うことがあり

ます。

　あくまでも可能性ですが、この不安や心配の背景として、具体的に何か特別支援を受けている子どもたちに対するネガティブな言動がまん延している状況があるのかもしれません。その場合は、その状況を「いじめ」と捉えて学校として対応することが求められるでしょう。一方で、そのような状況があるわけではないけれど、不安に思う子どもや保護者もいるかもしれません。その場合は、どうしてそのような不安や心配が生じているのかを明らかにするために、まず当事者の声に耳を傾けることが大切です。実際にはいじめられるという心配が少ない状況だからといって、「心配いりませんよ」と伝えるだけでは解決しないこともあると思われます。

　もちろん、全ての学校でそのような不安や心配が生じるわけではありませんし、同じ学校でも不安や心配感じる保護者や子どもたちもいれば、全く感じない保護者や子どもたちもいます。なぜそんなふうに感じるのだろうと不思議に思われる読者もいるかもしれません。できれば、障がいのある子どもやその保護者を含む、全ての子どもたち、全ての保護者が「いじめられるかもしれない」と感じなくてよい学校であり、社会であればと思います。

　また、障がいがある子どもたちを示す言葉が、差別的なニュアンスで子どもたちに使われていることがあったり、障がいのある者を指す差別的な言葉が子どもたちの間で使われていることもあったりします。それらの言葉は特定の誰かに向けて使われている場合もあるかもしれませんし、そうでない場合もあるでしょう。特定の誰かに向けられている場合にはそれはいじめだと判断できますし、特定の誰かを指しているわけではなくとも、その言葉を使って当然という空気がそのクラスや学校に存在していることは、発達障がいやその他の障がいのある子どもたちにとって、集団的ないじめと同定できる行為であると考えるべきです。

　わが国では、特別支援学級に入級したり、特別支援教育を受けたりすることといじめとの関連性は、十分に明らかにされていません[3]。ただ、発達障がい

---

3　海外の研究では、特別支援学校に通うことがいじめ被害に遭うリスクを減らすと研究結果（Hebron & Humphrey, 2014）もみられる。

といじめを考えるうえでは、特別支援教育を受けることがいじめにつながる事例がありうること、たとえいじめにつながらなかったとしてもそれを不安に思う保護者や子どもがいることを意識しておかなければならないと考えています。そのような事例におけるいじめへの対応を考える上では、障がいがあることや特別支援教育を受けていることに対する差別意識が関連しているかどうかを同定することは、非常に重要な意味をもつでしょう。ちょっと角度を変えた話ですが、加藤他（2016）の研究では、特別支援学級については、小学校、中学校いずれも通常学級に比べ、いじめ被害にあった場合、教師に知らせる者の割合が高かったことも報告されています。特別支援学級に入級していることで、何かあったときに先生に伝えやすくなる、援助を求めやすくなる部分があるのだと思われます。少なくとも、特別支援学級に在籍していることが、いじめに関することだけではなく、先生への援助要請のしやすさにつながるような工夫が学校でなされていることが大切だと思いますし、そのようにあってほしいものです。

　Ernsperger（2016）は、障がいのある児童生徒は学校におけるいじめにさらされやすく、より大きなリスクを抱えており、それは障がい者ハラスメントというレベルのものになりうることを指摘しています。障がい者ハラスメントという言葉自体、日本の学校教育の中ではあまりなじみがない言葉ですが、障がいのある児童生徒が日本の学校の中でいじめの被害者になることを防ぐためには、この障がい者ハラスメントという視点をもっていることは役立つと思われます。表Ⅰ-3 に、Ernsperger（2016）の著書でまとめられている、障がい者ハラスメントの4つの基準を示しておきます。学校として発達障がいのある子どもたちも含め、障がいのある子どもたちが「障がいがあることで」いじめられる、つまりハラスメントを受けることがないように取り組み、もしそのようなことがあればどう対応するかといった体制づくりが求められます。

## 9　おわりに──ここまでの議論に出てこなかったこと

　本章におけるいじめの定義をめぐる議論では、あくまでも学校における子ども同士のいじめを前提として扱ってきましたが、いじめは「学校」だけで起こ

**表 1-3　障がい者ハラスメントについての 4 つの基準**

| |
|---|
| 1. 対象となる児童生徒に障害があり、その障害があるために嫌な扱いやハラスメントを受けていること。 |
| 2. そのいじめが十分に深刻で、継続的かつ全面的にひろがっており、その児童生徒によって敵対的な環境をつくりだしていること |
| 3. 学校の管理者は、そのハラスメントについて知っている、あるいは合理的には知っているべきであったこと |
| 4. 学校がハラスメントを終息させるための適切な対応に失敗していること。学校の教職員は、敵対的な環境を取り除き、再発を防ぐために直ちに行動をとらなければならず、また、その環境を改善しなくてはならない |

Ernsperger, L. (2016). Recognize, Respond, Report: Prevention and Addressing Bullying of Students with Special Needs（アーンスパーガー, L., 奥田健次監訳 (2021). いじめ防止の 3R―すべての子どもへのいじめの予防と対処. 学苑社.）

るわけではなく、「子ども同士」だけで起こるわけではありません。仮に場所を「学校」に限定したとしても、教員から子どもたちへの行為がいじめと考えられることがあるかもしれませんし、子どもたちから教員への行為がいじめと考えられることがあるかもしれません。

　例えば、教員が子どもたちに行っている行為が、指導という名の下に行われていたとしても、該当する子どもにとってはただただ心身の苦痛を感じるものでしかなかったとしたら、それは「いじめ」と判断され対応されるべきでしょう。もちろん、教員から子どもへのいじめはあってはならないことですが、だから「存在しない」「なかった」ことにしてしまうと、いじめの予防・発見・対応は全くできなくなってしまいます。もともと教員と子どもたちとの間に力の不均衡が生じやすいことも踏まえて、いじめが起こる可能性があることは忘れてはならないでしょう。いじめ防止対策推進法によるいじめの定義では、「当該行為の対象となった児童等が心身の苦痛を感じている」とされているわけですから、この観点から教員からの行為についても注視していくべきだと思われます。

　同じように、子どもたちから教員へのいじめも起こりうることですし、見過ごされるべきではありません。学級崩壊と呼ばれる状態の中で、力関係が明らかに逆転し、子どもたちの方が上になってしまい、一方的に教員が攻撃されて

いることも起こりうるわけです。また、その状態を知った職場の同僚から子ど
もたちを指導できない教員とみて、非難されるようなことが起これば、二重の
意味で教員はいじめに合うことになるのです。このようなことも、「起こりう
ること」として認識しておく必要があるでしょう。

　いじめがダメなことはここで改めて主張するまでもなく、誰もが知っている
ことです。そのため、あまりにも「あってはならない」という観点だけを強調
してしまうと、人は望ましいものだけをみようし、そこにあるものが見えなく
なってしまい、「なかったこと」にしてしまう可能性もあります。まずは、そ
こにあるものをしっかりと見つめ、取り組む姿勢が重要です。

## 文献

阿形恒秀（2018）．我が子のいじめに親としてどうかかわるか―親子で考える「共に生きる
　　意味」．ジアース教育出版社．

Ernsperger, L.（2016）. Recognize, Respond, Report: Prevention and Addressing Bullying of
　　Students with Special Needs（アーンスパーガー，L., 奥田健次監訳（2021）．いじめ防
　　止の 3R―すべての子どもへのいじめの予防と対処．学苑社.）

Gray, C.（2003）. Gray's Guide to Bullying. Jenison Public School（グレイ，C. 服巻智子訳
　　（2008）．発達障害といじめ―いじめに立ち向かう 10 の解決策―，クリエイツかもがわ.）

Hebron, J., & Humphrey, N.（2014）. Exposure to bullying among students with autism
　　spectrum conditions: A multi-informant analysis of risk and protective factors. Au-
　　tism, 18(6), 618-630.

加藤弘通・太田正義・水野君平（2016）．いじめ被害の実態と教師への援助要請：通常学級
　　と特別支援学級の双方に注目して．子ども発達臨床研究, 8, 1-12.

国立教育政策研究所生徒指導研究センター（2009）．生徒指導資料第 1 週（改訂版）　生徒指
　　導上の諸問題の推移とこれからの生徒指導－データにみる生徒指導の課題と展望.
　　https://www.nier.go.jp/shido/centerhp/1syu-kaitei/1syu-kaitei090330/1syu-kaitei.
　　zembun.pdf（2022 年 7 月 3 日閲覧）

文部省（1985）．児童生徒のいじめの問題に関する指導の充実について．http://www.mext.
　　go.jp/b_menu/hakusho/nc/t19850629001/t19850629001.html（2022 年 7 月 3 日閲覧）

文部省（1995）．いじめの問題への取組の徹底等について．http://www.mext.go.jp/b_menu
　　/hakusho/nc/t19951215001/t19951215001.html（2022 年 7 月 3 日閲覧）

文部科学省（2006）．いじめの問題への取組の徹底について（通知）．http://www.mext.go.
　　jp/a_menu/shotou/seitoshidou/06102402/001.htm（2022 年 7 月 3 日閲覧）

文部科学省（2010）．生徒指導提要．教育図書．

文部科学省（2013）．別添 1　いじめ防止対策推進法の概要．http://www.mext.go.jp/a_
　　menu/shotou/seitoshidou/1337288.htm（2022 年 7 月 3 日閲覧）

文部科学省（2016）．いじめの正確な認知に向けた教職員間での共通理解の形成及び新年度に向けた取組について（通知）．https://www.mext.go.jp/a_menu/shotou/seitoshidou/1400170.htm（2022 年 7 月 3 日閲覧）

文部科学省（2017）．「いじめの防止等のための基本的な方針」の改定及び「いじめの重大事態の調査に関するガイドライン」の策定について（通知）．https://www.mext.go.jp/a_menu/shotou/seitoshidou/1400142.htm（2022 年 7 月 3 日閲覧）

文部科学省（2019）．いじめ問題への的確な対応に向けた警察との連携について（通知）．https://www.mext.go.jp/a_menu/shotou/seitoshidou/1417019.htm（2022 年 7 月 3 日閲覧）

文部科学省（2022）．令和 3 年度　児童生徒の問題行動・不登校等生徒指導上の諸課題に関する調査結果について．https://www.mext.go.jp/a_menu/shotou/seitoshidou/1302902.htm（2022 年 11 月 20 日閲覧）

森田洋司（2010）．いじめとは何か―教室の問題．社会の問題．中公新書．

Smith, P. K. (2014). Understanding School Bullying: Its Nature and Prevention Strategies（スミス，P. K.　森田洋司・山下一夫監訳（2016）．学校におけるいじめ―国際的に見たその特徴と取組への戦略．学事出版．）

森田洋司・清永賢二（1994）．新訂版　いじめ―教室の病．金子書房．

小倉正義（2016）．いじめ．本城秀次・野邑健二・岡田俊編　臨床児童精神医学ハンドブック．西村書店．pp. 384-391.

小倉正義（2019）．いじめ―子どもたちの心を守るために．水野治久・串崎真志編　教育・学校心理学：子どもの学びを支え、学校の課題に向き合う．ミネルヴァ書房．pp. 111-126.

田中善大・伊藤大幸・村山恭朗・野田航・中島俊思・浜田恵・片桐正敏・髙柳伸哉・辻井正次（2015）．保育所・小中学校における ASD 傾向及び ADHD 傾向といじめ被害及び加害との関連．発達心理学研究．26(4)，332-343.

小倉正義・山西健斗

# 第2章

# 発達障がいといじめとの関連
## ──発見・対応のポイントとその影響

　これまでもさまざまな著書で述べられていることですが、発達障がいと一言に言ってもその状態像はさまざまですし、そもそもその特徴は重なり合います。そのため、診断別にカテゴリー化して発達障がいといじめの関連について述べることには限界があると思いますが、それぞれの発達障がいにおけるいじめの特徴について知ることで、定型発達の子どもたちのいじめと異なる点があることを認識することにはつながると思いますし、そのことに意味があるのではないかと思っています。

　具体的には、発達障がいの中でも、自閉スペクトラム症（Autism Spectrum Disorder：以下、ASD）、注意欠如多動症（Attention-Deficit/Hyperactivity Disorder：以下、ADHD）、学習障がい（以下、LD）[1]を主に取り上げて[2]、これまでの国内外の研究で指摘されていることを中心に、それぞれの発達障がいの特性といじめとの関係性やいじめの発見や対応をするためのポイント、いじめの影響について整理します。

---

[1]　本章では医学的診断としての限局性学習症（Specific Learning Disorder：以下、SLD）だけではなく、学習に困難さを感じている子どもたち全般を取り上げました。そのため、文部科学省（1999）が定義する学習障害、学習困難を示す Learning Difficulties、学び方の違いを示す Learning Differences も含んで LD と表記しました。わが国の LD の定義をめぐる議論については、『LD の「定義」を再考する』（一般社団法人日本 LD 学会，2019）などをご参照ください。

[2]　発達障害者支援法では、発達障がいは「自閉症、アスペルガー症候群その他の広汎性発達障害、学習障害、注意欠陥多動性障害その他これに類する脳機能の障害であってその症状が通常低年齢において発現するものとして政令で定めるもの」と定義されているため、本書でも ASD・ADHD・LD を主に扱うことにしました。

## 1　ASD といじめ

　アメリカ精神医学会による ASD の診断基準（以下、DSM-5）（American Psychiatric Association, 2013）や世界保健機関（WHO）の国際疾病分類第 11 版（以下、ICD-11）の診断基準をベースに考えると、ASD は①コミュニケーションや社会的な交流の難しさ（社会的コミュニケーションおよび対人的相互反応における持続的な欠陥）、②限定的な行動や興味および活動の繰り返し（行動、興味、または活動の限定された反復的な様式）の 2 つの特性から主に特徴づけられています[3]（森野・海老島, 2021）。これらの特性がいじめとどのように関わっているか、以下に述べていきます。

### (1) いじめのリスク

　これまでも数多くの研究や実践報告などで、ASD、もしくは ASD 傾向のある子どもたちは、同年代の他の子どもたちと比べていじめの被害者となるリスクが高いことが報告されています（Gray, 2003；三島, 2014；田中他, 2015；Maiano et al., 2016；村中, 2019；伊瀬, 2022 など多数）。

　田中他（2015）は、ASD のある子どもの場合、いじめのリスクは小学校に入学した頃から高くなり始めることを指摘しています。また別の研究では、学校環境の変化や ASD のある子ども自身の心身の発達、周囲の子どもたちが自分の地位を確立するためにいじめ行為を行う傾向がある時期でもある中学校に入学した頃からリスクが高くなり始めると報告されています（Lu et al., 2022）。

　この 2 つの研究の指摘は矛盾するようにも感じられますが、どちらが正しいかを論じるよりは、教員・親などの周囲の大人としては 2 つの時期に注意することが大切なことを示していると考えておくとよいと思います。例えばですが、小学校に入学する頃は、友達と過ごす時間が増えたり、友達との関係が重要になってきたりすること、大人からの目が減る時期であることから、要注意な時期として捉えておくことが大切でしょう。また、中学校に入学する頃は、これまでうまくいっていると思われる場合も、改めて対人関係上の問題を抱え

---

3　括弧内は ICD11 の診断基準

ていないか、行き違いやトラブルが起こっていないかに留意しておくことが大切な時期であると思われます。親も教員もこのような意識をもっていることで、いじめを初期の段階で発見することにつながるでしょう。

　一方で、ASD のある子どもがいじめの加害者となるリスクの高さも指摘されていますが（Zablotsky et al., 2014）、ASD 傾向があることのみが加害者になるリスクの高さにつながるわけではないという報告（田中他, 2015）もあり、十分に統一した見解が得られているとは言い難い状況です。ASD のある子どものいじめを経験する割合についてのメタ解析を行った Maiano et al.（2016）の研究では、ASD のある子どもと定型発達の子どもで加害のリスクに差がなかったと報告されていました。少し回りくどい言い方ですが、少なくとも ASD のある子どもがいじめの加害者となるリスクが他の子どもたちと比べて高いわけではないと考えてよいのではないかと思います。

　ただし、たとえリスクが高いわけではなかったとしても、ASD のある子どもが加害者となることもあります。そして、ASD のある子どもが加害者になった場合は、ASD の特性を考慮したうえでの対応が必要になると思われます。ASD の特性を考慮したうえでの対応については、第 10 章で詳しく述べていますので、そちらを参照ください。

## （2）いじめと関連する ASD の特性

### 1）周囲の子たちに生じる「イライラ」

　村中（2019）は、ASD のある子どもの社会的コミュニケーションの苦手さが対人トラブルの発端になりうることを指摘し、「見えない心を読めない、相手の視座に立ち相互交渉ができないことが、『やばくない？なんで？』『ウザッ』『空気読めよ』等の仲間のイライラを誘発する」と述べています。そして、この仲間のイライラがいじめの芽につながることもあると考えることができます。「つながることもある」と書きましたが、予防的な観点から考えれば、比較的頻度が高いと思っておいてもよいのかもしれません。

　誤解しないでいただきたいのは、ここで「ASD のある子どもの社会的コミュニケーションの苦手さがいじめにつながる」（つまりは ASD 特性があることがいじめの原因である）と主張したいわけではないということです。ASD のある子

どもの社会的コミュニケーションの苦手さは周囲のイライラを招くことがあり、そのイライラがからかいやいじり、さらにはいじめにつながりうることを知っていること自体がいじめへの予防を考える際には大切です。

**2）「ずれ」から生じるイライラ**

　一柳（2021）は、小学校での ASD 傾向のある子どもたちとその周囲の子どもたちとの関係の中で、ASD 傾向のある子どもが周囲とずれた行動や発言をするときと集団やグループで活動するときに、周囲の子どもたちが ASD 傾向のある子どもにからかい・悪口、いきすぎた注意、除け者・回避といったいじめにつながる行動をとる可能性を指摘しています。そして、ASD 傾向のある子どもが周囲とずれた行動や発言をする背景には、空気を読むことの苦手さやこだわりといった特性があり、特に集団やグループで活動するときに両者の間で「ずれ」が生じやすくなると考察しています。この「ずれ」は、先ほどふれた社会的コミュニケーションの苦手さによる「イライラ」ともつながるところもあると考えてもよいでしょう。

　このような「ずれ」や「イライラ」は、それが生じた段階では、まだいじめの芽にもなっていないかもしれません。しかし、逆に言えば、その「ずれ」や「イライラ」の段階で解決することができれば、いじめの芽になる前に摘むことになるでしょう。いわゆる「問題」といわれるような出来事に共通することですが、いじめに関しても、いかに小さい段階で発見し対応するかが問われているのです。

**3）相手の意図のわからなさ**

　ASD のある子どもは、心の理論（Theory of Mind）[4]の獲得が難しいこともよく指摘されています。心の理論の獲得が難しいことから、周囲の子どもたちの関わりを被害的に捉えてしまい、間違っていじめだと感じてしまう傾向が高いという報告もあります（Van Roekel et al., 2010）。

　また、Gray（2003）は、ASD の子どもたちが標的として巻き込まれたいじめ事象の大半は、「屈折したいじめ」「理不尽な情報と理不尽な要求」のどちら

---

4　大まかにいうと、「他者の心を類推し、理解する能力」のことです。

か1つにあてはまっていたことを報告しています[5]。これらの特徴にも、心の理論の苦手さや相手への意図の読みにくさが関わってきています。

## (3) ASD のある子どもに関連するいじめの特徴

　第1章の繰り返しになりますが、田中他（2015）は、いじめを仲間外れや無視をされるといった「関係的いじめ」、からかわれるや悪口を言われるといった「言語的いじめ」、叩かれるや蹴られるといった「身体的いじめ」に分類しています。そして、ASD 傾向といじめ被害及びいじめ加害との関係を他の要因を調整して検討した結果、いじめ被害では全ての種類のいじめで ASD 傾向の影響が確認された一方で、いじめ加害では ASD 傾向の影響は確認されなかったことを報告しています。また、「言語的いじめ」ではいじめ被害、いじめ加害の両方で男子よりも女子の方が ASD 傾向の影響を強く受けることも明らかにされています（田中他，2015）。

　一方で、ASD のある女子は、友人関係の中で受け入れられることも拒絶されることもなく、むしろ無視されたり見過ごされたりするように思えるとの指

---

　5 「屈折したいじめ」「理不尽な情報と理不尽な要求」という言葉では、ちょっとわかりにくいかと思いますので、以下に、Gray（2003）の記述をもとにしながら、筆者らの解釈をまじえて説明しておきます。ASD のある子どものいじめの特徴に関する内容になるので、長いですが、脚注に入れました。
　　・屈折したいじめ：最初は友達のような顔をして近づいてきて、実はひどい行為をするといったいじめのことをいいます。思い浮かべやすいことでいえば、「友達だろ！」といった言葉を謡い文句に近づいてきて、誘い出しいじめ行為をすることをいいます。
　　・理不尽な情報と理不尽な要求：「場面にそぐわない、ばかげた、または不適切な活動やジェスチャー、反社会的なことにかかわることの指示を含んだいじめの形態」（Gray，2003）のことをいいます。例えば、授業中に卑猥な言葉をいうように言ったり、誰かに告白するようにそそのかしたり、万引きをさせたりするなど……といったことが含まれると考えられます。
　　どちらのいじめも「友達である」ことや「親しみ」が表現されていることが特徴的であり、「定型発達の子どもの頭の中でなら『なんかあやしいぞ』と黄色信号が点滅するような場面でも、ASD のある子どもは、それを額面どおり友情の始まりとして歓迎してしまう」ことでいじめが引き起こされてしまうのです。定型発達の子どもたちが発達障がいの子どもたちの苦手さに意識的にしろ、無意識的にしろ、つけこんで起こるいじめである点が重要です。

摘もあります（Dean et al., 2014）。同性同士の関係性で考えると、ガールズトークに代表されるように、女子のグループにはいろいろな暗黙のルールが存在します。ASD のある女子は、その暗黙のルールに気づくことが難しく、本人も気づかないうちに少しずつ浮き始めます。そして、その微妙な「ズレ」にめざとく気づいた他の女子たちが実に巧妙な悪口を言ったりするわけです。本人が浮き始めたことに気づいたとしても、どうしていいかわからずに何もできなくて、悪口を言われたままになってしまう場合があるでしょう。ASD のある女子の友人関係やいじめのことは、第 7 章で詳しく扱っていますので、参照ください。

　ASD のある子どもたちを取り巻く学校環境といじめ被害との関係性を検討した台湾におけるコホート研究（Lu et al., 2022）では、友人関係が上手く築けており、周囲の子どもたちから困ったときに助けてもらえる ASD のある子どもは仲間はずれをされたり無視をされたりすることが少なく、ASD のある子どもに学習環境が適している場合は悪口を言われたりからかわれたりすることが少ないことを示しています。つまり、ASD のある子どもたちにとって、どのような環境で学ぶかは、いじめ防止の観点からも重要だといえるでしょう。また、言うまでもないことかもしれませんが、特別支援学級に在籍していたり、通級による指導の対象となったりしている子どもにとっても、通常の学級の中での学習や人間関係をサポートすること（つまりは環境を整えること）がいじめ防止のために重要なことだと考えられます。

　さらに、いじめの直接的な被害だけではなく、その後への影響についても留意する必要があります。これまでさまざまな研究で示されているように、いじめの被害がさまざまな側面で負の影響を与えることは定型発達の子どもも同様ですが、ASD のある子どもにおいて非常に大きいことも指摘されています（伊瀬, 2022 など）。

## (4) ASD のある子どものいじめに関するポイント

### 1) トラウマ体験としてのいじめ

　ASD の子どもたちのいじめの影響が比較的大きいことを述べましたが、それらの影響の中でも ASD のある子どもたちのいわゆるタイムスリップ現象

（杉山，2011）や特徴的なトラウマ（清水，2015 など）には注意する必要があります。

　タイムスリップ現象とは、過去の出来事をまるで今の出来事かのように思い出すことがあることをいいます（杉山，2011）。このタイムスリップ現象の説明にあるように、ASD のある子どもたちの中には、過去に受けたいじめ体験（トラウマ体験といえる出来事）をまるで今の出来事かのように思い出すことがあります。その影響で、目の前にいる子どもたちにいきなり暴言を吐いてしまったり、突然パニックを起こしたりすることもあるでしょう。ここでのポイントは、その暴言やパニックがなぜ起こったのかの理由が、周囲の人たちには伝わりにくい点です。第 11 章でも詳しく述べますが、突然の暴言やパニックが起こったときは、いじめのような過去に大きな傷つき体験がないかに注意を払うことが必要でしょう。

　また、保護者や教員などの支援者に対して過去のいじめ被害について、まるで今起こっている出来事かのように訴えることもあります。その訴えをしている最中には、どのような嫌がらせをされたかを詳細にありありと話してくれるため、話を聴いている保護者や教員などの支援者は現在進行形で本人がいじめを受けているように感じてしまう可能性もあります。保護者や教員が、今まさにいじめが起こっていると思って本人の話を聞いていて、実は現在進行形ではそのような出来事が起こっていないとなると、本人が「嘘をついている」と判断してしまうこともあるかもしれません。ここで注意する必要があるのは、例え現在進行形で起こっていない出来事であったとしても、本人の視点からみれば今まさに経験している（ような）出来事であることには変わりはないということです。

　このように、まるで今体験しているかのように過去の出来事を思い出してしまっているときには、気持ちのコントロールが難しく、気持ちも落ち着かないような状態になってしまっていることが多いと思われます。そこで、いったんその場から離れる、落ち着ける場所に移動するなど、クールダウンすることが大切です。いじめ被害についての確認や話を聴くことは、少なくとも気持ちが落ち着いた後にするのがよいでしょう。

　ASD のある子どもの中には、他の人から見て明らかにいじめの被害を受け

ているように見えても、その行為について「一緒に遊んでいるだけ」「他の子どもたちと話をしているだけ」といじめとして認識していない子どももいます。その際に、保護者や支援者がASDのある子どもが受けているいじめへの対応をしようとしても、その子どもの目線では友達との楽しい時間を取り上げられているように感じ、本人と保護者や支援者との間ですれ違いが生じてしまう可能性があります。ただ、本人がその時点では大丈夫だからといって、いじめの被害を受けていることはネガティブな影響をもたらし、先ほど述べたようなタイムスリップ現象のような反応が起こることも少なくありません。そのため、その場で起こっている周囲のいじめ行為を止めなくてもよいというわけではありません。本人の気持ちには十分に配慮したうえで、いじめ行為についてはしっかりと対応することが求められます。

　また清水（2015）は、ASDとトラウマの特徴として、「口論や叱責など、比較的軽微な出来事でもトラウマ化すること」[6]、「周囲からみると意外な誘因で、突然想起されること」を挙げています。客観的にみると、それほど大きくないと思われる友達とのトラブルが、本人の中では非常に大きな出来事であり、随分と時間が経過した後に、突然意外な形で出てくることが起こりうるのです。清水（2015）の論考を参考に例を挙げると、小学校の頃に友達からバカと言われたことや先生から強く叱責されたことが、高校生になってその小学生の友達（つまりはいじめの加害者）と似ている髪型をしていたり、同じ持ち物を持っていたりするだけで思い出されてしまうことがあるのです。

### 2）ASDのある子どもたちも一通りではない

　Lu et al.（2022）は、友達が多いと回答しているASDのある子どもは友達が少ないと回答しているASDのある子どもよりも、したくないことをさせられたり、不必要に体を触られたりすることが多いことを報告しています。

　この結果をどう解釈するかは難しいところですが、いじめと思われる行動をされていても友達と認識している可能性を示唆する結果だともいえますし、同級生との関わりが多いほどトラブルが生じやすいと捉えることもできるでしょ

---

6　ASDのある子どもたちが受けるいじめ被害が軽微だということではなく、仮に軽微であったとしても大きな反応が起こることがあるということです。

う。いずれにしても、（これはもちろん ASD のある子どもだけではなく全ての子どもたちにとって）友達がいることが大切なのではなく、友達とどのような関係を築けているかが問われていると考えてよいでしょう。

　一方で、ASD のある子どもも他の子どもたちと同じようにどういう行為がいじめに当てはまるかということや、保護者や支援者にいじめを伝えることでいじめが悪化してしまう可能性があることを理解しているという報告もあります（Bitsika & Sharpley, 2014）。そして、そのような ASD のある子どもはいじめ被害を受けたことについては話したがらず、家に帰った後で、癇癪を起こしてしまったり、1 人で落ち着こうとしたりするといった行動を繰り返し行うとされています。このような場合、つらいけど話したくない、そのしんどさをどのように扱ってよいかわからなくて、家で不適切な行動をしてしまうことも少なくないでしょう。そして、その不適切な行動が何に起因するかは親には伝わりにくく、家でも叱られてしまうなどの悪循環に陥っている場合もあると思われます。

　そのため、学校や遊んだ先から帰ってきたあとに普段と子どもたちの様子が違うと感じることがあれば、本人の行動だけでなく学校生活の様子に注意を向ける必要があります。無理に話させようとしても余計に混乱してしまう可能性もありますので、家族が気づいた場合は、学校と連携して、先生に学校での様子を見てもらいながら対応することが必要になると思われます。

## 2　ADHD といじめ

ASD と同じく DSM-5 や ICD-11 の診断基準を参考にすると、ADHD は①不注意、②多動性・衝動性の 2 つの特性から主に特徴づけられています。

### (1) いじめのリスク

　これまでの研究では、ADHD のある子どもは、同年代の他の子どもたちと比べていじめの被害者や加害者となるリスクが高いと指摘されています（Mitchell et al., 2016）。

　例えば、Pityaratstian & Prasartpornsirichoke（2022）の研究では、ADHD

の子どもたちの 69% は、何らかの形でいじめに関与しており、その内訳として
いじめ被害を受けた子どもたちが 33%、いじめの加害をした子どもたちが
9%、いじめの被害と加害の両方を経験した子どもたちが 27% であることを報
告しています。また、いじめの被害者や加害者となるリスクの高さは保護者も
認識しています。

　ADHD（傾向）のある子どもの場合、いじめ被害のリスクは中学校に入学し
た頃から高まり始めることが指摘されています（田中他，2015）。その理由とし
て、ADHD のある子どもはいじめ被害を受けたときに反抗して攻撃を行うた
め、いじめに対して反抗することで小学生段階ではいじめ被害を抑制している
可能性がある一方で、学年があがるにつれ攻撃行動が少なくなることから、い
じめ被害の報告が増えると考えられています。この結果と考察を基に考える
と、ADHD のある子どものいじめを予防するためには、ASD のある子どもと
たちと同様に、小学生段階からその人間関係に周囲が注意を払っていることが
必要だということになるでしょう。

## (2) いじめと関連する ADHD の特性

　ADHD のある子どものいじめ被害やいじめ加害には、多動性・衝動性や自
己コントロールの難しさが大きく関係していると考えられます（谷口，2013；
田中他，2015）。例えば、ADHD のある子どもが友達と遊んだり話したりして
いるときに、自分の思い通りにならないと、周囲からすると突然に感じられる
ような形で、手が出てしまったり、悪口や暴言を言ってしまったりする場合が
あります。そのことは、いじめ加害にもつながりますし、上記のような行動を
することで友人関係が悪化してしまうと、いじめ被害にもつながる可能性があ
ります。

　また不注意については、友達同士で話をしていても話を聞いていないように
見えたり、一緒に遊んでいる最中でも急に他のところに行ってしまったりする
ことをきっかけに対人トラブルが生じ（Blachman & Hinshaw, 2002）、いじめの
被害につながってしまう可能性が指摘されています。

## （3）ADHD のある子どもに関連するいじめの特徴

　Weiner & Mak（2009）によると、ADHD のある子どもは「言語的いじめ」「身体的いじめ」「関係的いじめ」のそれぞれでいじめ被害を受けるリスクが高いと報告されています。一方で、田中他（2015）は「身体的いじめ」に関しては ASD 傾向との重なりが影響していると考えられ、その影響を調整すると、ADHD 傾向では「言語的いじめ」「関係的いじめ」のいじめ被害を受けるリスクが高いと報告しています。また、ADHD のある子どものいじめ被害については、それぞれのいじめで性差は見られないとする報告もありますが、日常生活で他者に対する共感性や友人関係の維持を求められる女子の方が「言語的いじめ」「関係的いじめ」を受けやすいとしている報告もあります（Sciberras et al., 2012）。

　そして、ASD のある子どもと同様に、直接的な被害だけではなく、その後へのいじめの影響についても注意が必要になります。例えば、Simmons & Antshel（2021）によると、ADHD のある子どもはいじめ加害、いじめ被害に関係なくいじめに関与することで、気分が落ち込みやすくなってしまい、うつ病につながるリスクが高くなる可能性が指摘されています。

## （4）ADHD のある子どものいじめに関するポイント

　ADHD のある子どものいじめに対応する際に注意しなければいけないポイントとして、いじめ被害・加害の両方に関連している衝動性による攻撃行動が挙げられます。

　攻撃行動は、嫌だなと思う物事に対して怒りの感情を表して攻撃をする「反応的攻撃」と、攻撃をすることで、他の人をコントロールしたり、欲しいものを得ようとしたりする「道具的攻撃」に分類されます（Crick & Dodge, 1996）。ADHD の衝動性によって生じる攻撃行動の多くは「反応的攻撃」に当てはまります。ADHD のある子どもはたとえ攻撃行動を取らないでおこうと思っていても、気がついたときには相手を攻撃しているといったこともありえます。その際に保護者や支援者が一方的に止めたり、叱ったりするだけでは、自分だけが悪者にされているように感じてしまい、保護者や支援者との関係が

悪化してしまったり、さらに激しく反抗するようになってしまったりする可能性があります。

　また、反応的攻撃は、ADHD のある子どもがいじめ被害を受けた際に生じている可能性もあります。この場合、本当は ADHD のある子自身も攻撃をされているのに、相手よりも攻撃が派手であったり、過剰であったりするために、ADHD のある子の攻撃だけがとりあげられてしまいがちです。そのため攻撃行動の強さや派手さだけを見て、一方的ないじめ加害をしたと判断してしまわないように（もしくは判断されてしまわないように）留意する必要があります。

　衝動的に行動してしまっているときには、子どもたち自身も気持ちのコントロールが難しくなってしまっているため、気持ちがある程度落ち着いてから、子どもが話すことができるときに、どのような状況やきっかけで攻撃してしまったのかを丁寧に確認するとよいでしょう。この確認がなかったり十分に行われなかったりすると、子どもたちは先生や親に話しても意味がない、「どうせわかってもらえない」という気持ちを募らせていくことになり、不信感や孤独感を強く感じることになるでしょう。場合によっては「どうせわかってもらえない」という認知から、さらに対人関係のトラブルが増えたり、不登校になったり、逆に同級生や教員への攻撃的な行動が増えたりする可能性があると思われます。

## 3　LD といじめ

　LD は本人の能力や意欲、取り巻く環境に問題がないにも関わらず、文章を読むこと、文字・文章を書くこと、計算することなど特定の領域のスキルを習得したり、使ったりすることが極端に障害されることに主に特徴づけられています。LD に関しては、LD だけを扱うのではなく、知的障がいやその他の要因で学習に困難さを抱えている場合も含んで考えていきます。

### (1) いじめのリスク

　これまでの研究では、LD のある子どもは、いじめの被害者となるリスクが

高いとするものもあれば、同年代の子どもたちと同様であるとする研究もあります（Mishna, 2003; Rose et al., 2011）。

## (2) いじめと関連する LD の特性といじめの特徴

LD の特性といじめに関する研究はそれほど多くありませんが、学習困難（academic difficulties）の文脈でいじめとの関連を示した研究は数多くあります。ここでの学習困難とは LD や ADHD などの発達障がい、家庭環境や学習環境の問題など、さまざまな背景の影響の結果、学力や学習への取り組みが阻害されている状態のことを指しています。

例えば、Hammig & Jozkowski（2013）の研究では、学業成績の悪い男子生徒は、学業成績の良い男子生徒と比較して、喧嘩で怪我をしたり、学校で脅されたりするリスクが約 2 倍であること、また女子生徒でも同様に、学校でのいじめ、学校での脅迫、または親しいパートナーから暴力的被害を受けるリスクが高まることが指摘されています。また友達関係についても、LD のある子どもは、比較的友達の数が少なく、からかわれることも多いため、何らかの嫌がらせを受けているといった被害者意識をもちやすいとする報告もあります（Wiener & Schneider, 2002）。

## (3) LD や学習困難のある子どものいじめに関するポイント

LD のある子どもは、特定の領域以外では他の子どもたちと同様に学習に取り組める一方で、特定の科目では極端に学習や学習スキルが阻害されることが 1 つの特徴です。そのため、他の子どもたちや先生からは、ふざけていたり、なまけていたりすると捉えられてしまう可能性があり、結果としてからかいや叱責の対象となってしまうことがあります。まずは、特定の科目での学習の困難さについて理解されていることが重要です。

例えば、算数の授業の中でも図形問題にかなり難しさのある LD のある子どもがいたとします。その子どもが計算問題は十分にできる場合、同じ算数の中で図形問題を前にして何も書いていなかったりすると、先生から「どうして取り組まないのか？」「真面目にやりなさい！」というような言葉をかけられてしまうかもしれません。そのような光景が繰り返されていると、先生の言動に

合わせて他の子どもたちが LD のある子どもに叱責をしたり、「そんな問題も解けんの？」と冷やかしたりするといったことに発展してしまう可能性があります。その中で周囲の子どもたちが、この子には言っていいんだという誤った学習をしてしまい、別の場面でのいじめ行為にも広まってしまうかもしれません。先述したように LD だけではなく、さまざまな学習困難のある子どもは学級の中に少なくとも数人いると思われます。学級の中で、そのような悪循環が起こっていないか常に注意をする必要があります。

　また Newman（2000）は、学習に困難のある子どもほどわからないことがあっても支援を求めることに消極的になり、最終的には学習だけでなく他に困ったことがあっても支援を求めることに消極的になってしまう可能性があると述べています。このことを考えると、学習困難のある子どもはいじめの被害を受けていても支援を求めにくい状況にあるかもしれません。そのため、普段の生活の中で「何となく元気がない」「気分が落ち込んでいる」などいつもと違う様子が見られた場合は、授業中の様子や友人関係にも注意することも大切です。

## 4　その他の発達障がいのいじめ

　ASD、ADHD、LD 以外の発達障がいについても少し触れておきたいと思います。

　例えば、知的障がいの子どもたちは、同年代の子どもたちとコミュニケーションを取る際に、意図が理解しにくかったり、言葉の意味を捉えにくかったりする中でからかいやいじめ被害を受けること、またその際にコミュニケーションの難しさから攻撃行動を取ってしまい、いじめ被害がエスカレートしてしまうことが報告されています（Glumbić & Žunić-Pavlović, 2010）。また発達性協調運動症に代表される極端な不器用さにおいても、運動や作業の苦手さがきっかけでからかわれたり、攻撃的になったりするリスクが 4 歳児において高いことが指摘されています（Kennedy-Behr et al., 2013）。

## 5　周囲に広まっている誤った考え方

　Gray（2003）は、いじめや ASD のある子どもに関して世間に広まっている誤った考え方があることを指摘しており、以下の4つの考え方を例として挙げています[7]。そして、Gray（2003）は、これらの誤った考えや思い込みの重大な問題点として、大人がそれを信じそれに基づいて行動すればするほど、いじめが高まってしまうという点で深刻だと指摘しています。

①ASD のある子どもへのいじめは避けられない。なくすことはできない。
②ASD のある子どもは「いじめられる要素を減らす」よう学習しなければならない。
③普通教育の「いじめ防止カリキュラム」だけでも、ASD の子どもをいじめる子どもに対して用いれば効果的に指導することができる。
④監督者・指導者を増やせば全てがおさまる。

　この4つの誤った考え方の例は、ASD を発達障がいと読み替えてもある程度は成り立つでしょう。
　①②は、発達障がいの子どもたちに原因を求める考え方です。この章でも述べてきたように、発達障がいの子どもたちのいじめ被害のリスクが高いことはある程度わかっています。この事実は受け取り方によっては、いじめを受けていることを発達障がいの子どもたちの「せい」にして、しかもいじめの被害者が修正しなければいけないという考え方を生むことにもなりかねないのです。こういった考え方は、まさにいじめの構図を助長するものではないかと考えられますし、大人がこのような考え方をしていると、子どもたちはいじめによる被害に加えて大人から二次的な被害を受けることになるのです。また、③に関して、本書でも、これからさまざまな発達障がいといじめに関する予防や介入について述べていきますが、いじめ防止のプログラムを学校全体あるいは学級全体で進める際には、個別性・多様性に配慮しながら進める必要があり、一通

---

　7　翻訳を一部改変して載せています。

りのやり方ではうまくいかないことを示しています。一人ひとりの子どもたちのニーズに応じるという特別支援教育の考え方をいじめ防止プログラムの中で適用することが求められます。最後に④に関して述べます。基本的には、子どもたちへの監督者・指導者を増やすことはいじめの減少につながると思われます。しかし、いじめの減少につなげるためには、監督者・指導者がいじめの特徴や構造と、発達障がいのある子どもたちの特性の両方に精通している必要があります。Gray（2003）の指摘にもありますが、例えば監督者・指導者がいじめの現場を見ていたとしても、周囲のいじめ行為よりむしろ発達障がいのある子どもが周囲をイライラさせてしまうことを問題視してしまう可能性もあるのです。そうすると、見る目が増えた分、いじめが見逃され、発達障がいの子どもたちだけが責められるといった不合理な事態にもなりかねないのです。

## 6　おわりに

　本章では、主に ASD、ADHD、LD の診断別に、いじめのリスクや特性との関連、その影響についてみてきました。その中で、それぞれの診断による傾向の違いが量的にも質的にもみられることがわかりました。一方で、周囲の子どもたちとの関係性という視点から見たときに、周囲との微妙なずれや違いがいじめのきっかけになりうる点はどの発達障がいの場合にも起こりうることですし、発達障がいだけではなくさまざまなマイノリティの人たちの場合にも共通していえることだと思われます。そのため、発達障がいのある子どもだけではなく、周囲の子どもたちに対するアプローチをすることが予防的な観点から重要であると考えられます。

　ASD といじめの解説で詳しく述べましたが、いじめがトラウマ体験となることは、その現れ方はやや異なると考えられますが、ADHD や LD、そして定型発達の子どもたちにも共通してありうることです。渡部（2022）は、発達障がいのある子どもが主観的に強くトラウマを感じる場面として、発達障がい特性そのものに起因する「同年代の標準」から外れる行動により受ける、注意・からかい・拒絶・いじめ／いじりを挙げています。繰り返しになりますが、発達障がいは発達上のマイノリティであり、マイノリティであることでいじめに

つながりやすく、いじめがもたらすトラウマは深刻な問題だといえるでしょう。

　過去のいじめ経験がトラウマになっている発達障がいのある子どもたちへの対応については第3部でもう少し詳しく触れていきます。また、本書では詳しく触れませんが、いじめが内在化問題を中心としたさまざまな側面で長期間の影響を及ぼすこと、反復されたり、長期間にわたるいじめがより深刻な影響をもたらすことは、発達障がいの子どもたちにも定型発達の子どもたちにも共通してみられることです。

　最初に記したように同じ診断、同じ発達障がい、同じ診断であっても状態像が同じわけではない点にも留意し、一人ひとりのニーズに応じた対応をすることを忘れないようにしたいと思います。

## 文献

American Psychiatric Association (2013). Diagnostic and statistical manual of　mental disorders, 5th ed., Washington, DC. (高橋三郎・大野裕監訳　染矢俊幸・神庭重信・尾崎紀夫・三村將・村井俊哉訳 (2014). DSM-5 精神疾患の診断・統計マニュアル. 医学書院.)

Bitsika, V. & Sharpley, C. F. (2014). Understanding, Experiences, and Reactions to Bullying Experiences in Boys with an Autism Spectrum Disorder. Journal of Developmental and Physical Disabilities, 26(6), 747-761.

Blachman, D. R., & Hinshaw, S. P. (2002). Patterns of Friendship Among Girls With and Without Attention-Deficit/Hyperactivity Disorder. Journal of Abnormal Child Psychology, 30(6), 625-640.

Crick, N. R., & Dodge, K. A. (1996). Social information-processing mechanisms on reactive and proactive aggression. Child Development, 67(3), 993-1002.

Dean, M., Kasari, C., Shih, W., Frankel, F., Whitney, R., Landa, R., Lord, C., Orlich, F., King, B., & Harwood, R. (2014). The peer relationships of girls with ASD at school: comparison to boys and girls with and without ASD. The Journal of Child Psychology and Psychiatry, 55(11), 1218-1225.

Glumbić, N., & Žunić-Pavlović, V. (2010). Bullying behavior in children with intellectual disability. Procedia-social and behavioral sciences, 2(2), 2784-2788.

Gray, C. (2003). Gray's Guide to Bullying. Jenison Public School (グレイ, C.　服巻智子訳 (2008). 発達障害といじめ―いじめに立ち向かう10の解決策. クリエイツかもがわ.)

Hammig, B., & Jozkowski, K. (2013). Academic achievement, Violent victimization, and bullying among U.S. high school students. Journal of Interpersonal Violence, 28(7), 1424-

1436.

一柳貴博（2021）．周囲児は自閉スペクトラム症が疑われる児童にどのように関わっているのか─小学校教諭から見た周囲児の行動メカニズム．教育心理学研究，69(1)，79-94.

一般社団法人日本 LD 学会編監修　小貫悟・村山光子・小笠原哲史編著（2019）．LD の「定義」を再考する．金子書房.

伊瀬陽子（2022）．発達障害・ASD といじめ．小児の精神と神経，62(1)，73-75.

Kennedy-Behr, A., Rodger, S., & Mickan, S. (2013). Aggressive interactions during free-play at preschool of children with and without developmental coordination disorder. Research in developmental disabilities, 34(9), 2831-2837.

Lu, H., Chen, D., & Chou, A. (2022). The school environment and bullying victimization among seventh graders with autism spectrum disorder: a cohort study. Child and Adolescent Psychiatry and Mental Health, 16(1), 2-9.

Maiano, C., Normand, C. L., Salvas, M. C., Moullec, G., & Aimé, A. (2016). Prevalence of school bullying among youth with autism spectrum disorders: A systematic review and meta-analysis. Autism research, 9(6), 601-615.

Mishna, F. (2003). Learning disabilities and bullying: Double jeopardy. Journal of Learning Disabilities, 36(4), 336-347.

Mitchell, T. B., Cooley, J. L., Evans, S. C., & Fite, P. J. (2016). The moderating effect of physical activity on the association between ADHD symptoms and peer victimization in middle childhood. Child Psychiatry and Human Development, 47(6), 871-882.

三島浩路（2014）．中学生の「いじめ」被害と発達障害傾向・学校適応　中部大学現代教育学部紀要，6，25-33.

文部科学省（1999）．学習障害及びこれに類似する学習上の困難を有する児童生徒の指導方法に関する調査研究協力者会議：学習障害児に対する指導について（報告）

森野百合子・海老島健（2021）．ICD-11「精神，行動，神経発達の疾患」分類と病名の解説シリーズ：各論（1）ICD-11 における神経発達症群の診断について：ICD-10 との相違点から考える．精神神経学雑誌＝Psychiatria et neurologia Japonica, 123(4), 214-220.

村中智彦（2019）．自閉スペクトラム障害といじめ行動─応用行動分析学からみた理解と予防支援．日本学校心理士会年報，12，45-53.

Newman, R. S. (2000). Social influence on the development of children's adaptive help seeking: The role of parents, teachers, and peers. Developmental Review, 20(3), 350-404.

Pityaratstian, N., & Prasartpornsirichoke, J. (2022). Does Anxiety Symptomatology Affect Bullying Behavior in Children and Adolescents with ADHD?. Child & Youth Care Forum (pp. 1-19). Springer US.

Rose, C. A., Monda-Amaya, L. E., & Espelage, D. L. (2011). Bullying perpetration and victimization in special education: A review of the literature. Remedial and Special Education, 32, 114-130.

Sciberras, E., Ohan, J., & Anderson, V. (2012). Bullying and peer victimisation in adolescent girls with attention-deficit/hyperactivity disorder. Child Psychiatry & Human Development, 43(2), 254-270.

清水光恵（2015）．トラウマからみた発達障害の特徴．ストレス科学研究，30，16-19.

Simmons, J. A., & Antshel, K. M. (2021). Bullying and depression in youth with ADHD: a systematic review. Child & Youth Care Forum, 50(3), 379-414.

杉山登志郎（2011）．発達障害のいま．講談社現代新書.

田中善大・伊藤大幸・村山恭朗・野田航・中島俊思・浜田恵・片桐正敏・髙柳伸哉・辻井正次（2015）．保育所・小中学校における ASD 傾向及び ADHD 傾向といじめ被害及び加害との関連．発達心理学研究，26(4)，332-343.

Van Roekel, E., Scholte, R. H. J., & Didden, R. (2010). Bullying among adolescents with autism spectrum disorders: Prevalence and perception. Journal of Autism and Developmental Disorders, 40(1), 63-73.

渡部泰弘（2022）．日常臨床に潜むトラウマ：発達障害．小児の精神と神経，62(1)，53-55.

Wiener, J., & Schneider, B. H. (2002). A multisource exploration of the friendship patterns of children with and without learning disabilities. Journal of Abnormal Child Psychology, 30(2), 127-141.

谷口清（2013）．学齢期におけるいじめ・対人トラブルと発達障害—教育相談事例から．自閉症スペクトラム研究，10，19-27.

Zablotsky, B., Bradshaw, C. P., Anderson, C. M., & Law, P. (2014). Risk factors for bullying among children with autism spectrum disorders. Autism, 18, 419-427.

コラム**❶**

# 親視点からみたいじめの実態

　本書を執筆する上で、現場をよく知るさまざまな研究者・支援者に執筆をお願いしたのですが、編者としてどうしても入れたかったのが当事者の視点でした。発達障がいでいじめ被害を受けた当事者ご本人にうかがうことも考えたのですが、負担が大きすぎる点も考慮して今回は保護者に話をうかがうことにしました。わが子のいじめに関わったときの保護者の思いを知ることは、研究者や支援者による論考とは異なる視点を提供してもらえると考えました。

　ただし、本書では、保護者に直接執筆してもらうという方法はとらずに、保護者を対象としたいじめに関するアンケートを実施して、そこから得られた保護者の生の声をコラムという形で紹介していくことにしました。

　筆者が関わらせていただいている自閉スペクトラム症（ASD）のある子どもの親の会で、本書のコラムで保護者の声を紹介したい旨を伝え、発達障がいといじめに関する匿名でのアンケートをお願いしたところ、11名の保護者に回答をいただきました。たくさんの保護者の方からご意見をいただいたわけではないので、当然偏りはあると思いますが、短い期間でのアンケートにたくさんのメッセージをいただきました。紙面の関係もあり、全ての声を紹介することは叶いませんが、できる限りご協力いただいた皆様の声を届けたいと思います。

　1つ目のコラムではいじめの実態に関わることについて記していきます。

　アンケートでは、最初に「お子さんがいじめを受けたり、いじめと思われる行為を受けたりした経験はありますか？」「お子さんがいじめたり、いじめと思われる行為をしたりした経験はありますか？」という質問をし

ました。前者の質問には全ての保護者が「はい」と回答し、後者の質問には全ての保護者が「いいえ」と回答していました。つまり、全ての保護者が子どもはいじめの被害体験があると回答していたのです。いじめの被害体験の多さ、そして改めて大規模な実態調査の必要性を感じました。

　そして、別の質問への回答になりますが、ある保護者からは、「高校生になった頃、小学校のときいじめられたと言ってきました。当時はいじめを理解してなかったのだと思います。もっと深く、細かく問いただせばよかったと思います」とのコメントがありました。このコメントから、発達障がいの子どものいじめ被害は多いことがわかっている一方で、その発見の難しさを改めて確認することができました。側にいながら子どもがいじめられていることに気づくことができなかった保護者の思いが文面から伝わってくるのではないかと思います。子どもたちが言えなかった、言わなかった理由はさまざまだと思いますが、その他の保護者の回答からも、いじめを早期に発見するためには、その子どものことをよく理解したうえで、その子の人間関係をサポートし、できる限り多くの人が見守る大切さがうかがわれました。

　助けを求めない、求められないことへのアプローチに関しては本編の至るところで触れていますので、そちらも合わせてお読みください。

第**2**部

# いじめの
# 予防の実際

# 統合保育といじめ予防

## 1　はじめに──幼稚園・保育所における発達障がいのある子どもの支援の実態

### （1）発達障がいのある子どもや気になる子どもの在籍状況

　幼稚園・保育所（以下、園）には、発達障がいのある子どもや、障がいの診断はされていないものの保育者から見て発達面や行動面で気になるところがあり保育上何らかの配慮や支援が必要と思われる子ども（以下、気になる子ども）が一定数在籍しています。自治体や園によって違いはあると思われますが、これまでに報告されているいくつかの調査によると、園に在籍する子どものうち、発達障がいの診断のある子どもは0.7〜4.4%、気になる子どもは4.6〜10.8%在籍していることがわかっています（原口，2021）。診断の有無にかかわらず保育上の特別な配慮や支援が必要な子どもと捉えるとおおよそ5〜15%は在籍していると考えられます。園では、障がいのある子どもや気になる子どもが一定数在籍しているということを前提にして保育を行っていく必要があると思われます。

　「気になる子ども」については、学術的に統一された定義があるわけではなく、何らかの客観的な基準によって特定される子どもというよりも、保育者が主観的に気になっている子どもであるという側面があります。子どもをどのように理解してよいのか、どのように関わるとよいのか、保育者自身が悩んでいたり困っていたりする子どものことを「気になる子ども」と捉えているかもしれません。筆者は園のカウンセラーや巡回支援員の仕事をしていますが、多くの保育者から気になる子どもの支援や対応について相談を受けています。とき

には、気になる子どもについて「発達障がいがあるのでしょうか？」「診断がつくレベルでしょうか？」などと尋ねられることもあります。このような背景には、障がいの診断の有無によって保育現場で利用できる支援資源が異なるという制度上の制約が影響している場合があります。例えば、自治体によっては、障がいの診断があることで自治体の「障がい児保育」の対象となり、補助金制度によって加配の保育者をつけることができたり、また、巡回支援の対象となったりすることがあるためと考えられます。しかしながら、幼児期には、発達障がいが疑われていても医療機関につながっておらず診断されていない子どもや、また、発達障がい特性が強いと思われるものの医学的な診断基準を満たさない（診断閾値下の）子どもも少なくありません。

　近年は、このような現状から、子どもに診断がついていなくても、自治体の判断基準に照らし合わせて、必要である場合には加配の保育者をつけることが可能となったり、巡回支援の対象となったりすることも増えてきているように思います。障がい児の福祉サービスである児童発達支援や保育所等訪問支援の利用も、医学的な診断名は必須とはされていません。保育現場での支援が、障がいの診断の有無によって違ってしまうことのないように、その子に必要な支援を行うという考え方が当たり前になることが望まれます。

## (2) 発達障がいのある子どもや気になる子どもへの支援

　子どもが園での生活や活動に適応し、より良く育っていくには、子ども自身の特徴だけでなく、保育の質、つまり保育者の関わり方や園の環境・活動の影響が大きいため、保育者には保育の質を高めていくことが求められます。このことは、発達障がいのある子どもや気になる子どもの支援においても同様です。

　園では、発達障がいのある子どもや気になる子どもに対して、実に多様な方法で日々支援を行っています。保護者と子どもの特徴について共通理解し協力して支援を行ったり、保護者に地域の相談機関や発達支援機関、必要な場合には医療機関に関する情報提供を行ったり、利用を提案したりすることもあります。既に外部の機関を利用している場合には、その機関と連携を行い、子どもに関する情報を共有することもあります。園内では、子どもに対して個別的な

配慮や支援を行ったり、個別の支援計画を作成して計画的な支援を行ったり、カンファレンスを実施して保育者間で協力して支援にあたることもあります。自治体によっては、障がい児保育の認定により加配の保育者を配置することもあります。園外の研修に参加したり園内で研修を実施したり、外部の専門家の巡回支援を利用したりすることもあります。しかしながら、大多数の園では、頻繁にカンファレンスを行ったり、研修に参加したり実施したりことは容易ではありません。また、外部の機関と連携して情報を共有したり、専門家の巡回支援を利用できたりする機会は限られており、子どもの支援は、園・保育者の自助努力に任されている状況といっても過言ではありません。一部の自治体や園では、発達障がいのある子どものための支援教室（固定クラス、通級クラス）で支援を行ったり、保育カウンセラー（心理職など）を配置して支援にあたったりするところもありますが、全国的には非常にまれです。

　近年、インクルージョンの考え方が広がってきており、今後、園での発達障がいの子どもの受け入れはますます進んでいくと思われます。園での子どもの支援をより良くしていくためには、園の自助努力だけでなく、地域で園・保育者を支援する仕組みを整えていくことが求められています。

## 2　幼稚園・保育所における幼児のいじめの実態と社会性の支援

### (1) いじめの実態と保育者の役割

　園でのいじめや幼児のいじめがあるのか、どのくらいあるのか、どのようないじめがあるのかという実態は実はよくわかっていません。就学後の子どものいじめに関する調査や研究と比べると、園でのいじめや幼児のいじめに関する調査や研究がほとんどないためです。一方で、いざこざ、ふざけ、からかい、けんか、対人トラブル、いじめの芽などをテーマにした研究報告はいくつも見られます。実際、園では、子どもたちから「○○ちゃんにいじわるされた」「仲間外れにされた」「邪魔された」「作ったものを壊された」など、他児に嫌なことをされたという訴えや、「○○ちゃんが一緒に遊んでくれない」「仲間に

入れてくれない」「交替してくれない」「おもちゃを貸してくれない」など、自分の思いが通らないことへの不満足の訴えをよく見聞きします。中には、「何もしていないのに○○ちゃんが叩いた」「ばかって言った」など、直接的に自分が傷つけられたということが起きることもあります。しかし、保育者がこのような出来事を目の当たりにした際に、すぐに「いじめ」と捉えることはほとんどないように思います。このような出来事は、幼い子ども同士であればよく起こるため、保育者は、学齢児のいじめとは異なるものとして捉えているのかもしれませんし、保育者と学校教員とのいじめに対する認識の程度に違いがあるのかもしれません。

　園でのいじめは存在します。ただし、幼児期の発達を踏まえれば、いじめであるかどうかを判断することよりも、起こった出来事について、その一つひとつの行動に注目して、その場で子どもが人との関わり方を学ぶ機会になるように援助していくという考え方をもつことが重要です。保育者には、「いじめではない」「幼い子ども同士のことでよくあること」などと軽視せず、一方で、「いじめである」と過剰に反応することもなく、その都度、その行動の理由や子どもの気持ちに理解を示しつつ、子どもにより良い人との関わり方を伝えたり示したりしていくことが求められます。子どもにとって、自分の気持ちを相手に伝えたり、相手の気持ちに共感したり思いやりを示したり、自分の気持ちを調整したりすることは、より良い人間関係を築く上でとても重要な発達課題だからです。

　増加する学齢児のいじめの問題に対する解決の方策を考える上では、幼児期から発達的、長期的な視点をもって、就学後のいじめの予防や解決につながるより良い人間関係づくりをどのように育んでいけばよいか考えることが必要であると思われます。幼児期の人間関係の重要性については、幼稚園の教育内容及び保育所の保育内容の領域に定められています。多くの子どもたちが通い集団生活を送る園が、子どもたちの人間関係を築き維持する力を育む場としての役割を果たすことが期待されます。

## (2) 社会性の支援

　現代は、核家族化、少子化、地域社会の人間関係の希薄化などから、子ども

たちがさまざまな人間関係を経験し学んでいく機会が少なくなってきています。現代において、子どもたちが園という集団生活の中でさまざまな経験を通して、社会性を身につけていくことはとても重要と考えられています。

　幼児期の社会性、特に社会的スキルの習得は、幼児期の適応だけでなく、児童期以降の適応をも予測することが知られています。幼児期の社会的スキルといじめとの関連性を直接検証した研究はほとんどありませんが、内在化問題行動（不安や恐怖、身体的な訴え、引きこもりなど）や外在化問題行動（攻撃、反抗、かんしゃく、多動など）との関連性を明らかにした研究がいくつかあります。これらの知見を踏まえると、子どもの社会的スキルを高めていくことがさまざまな問題行動の予防や改善につながる可能性が示唆されます。幼児の社会性を育成することを目的とした心理教育プログラムの実施により、幼児に肯定的な変化が見られたことを報告している研究をいくつか紹介します。

　山田・小泉（2020）は、社会性と情動の学習（Social and Emotional Learning、以下 SEL）プログラムの一種である SEL-8N（Social and Emotional Learning of 8 Abilities at the Nursery School）を幼稚園の年中・年長クラスの幼児に、8 か月間で全 13 回（各回 15〜20 分）実施しました。SEL-8N の内容は、「自己他者理解」（5 回）、「感情制御」（3 回）、「対人関係」（5 回）から構成されています。SEN-8N では、紙芝居を用いた導入により、望ましくない行動を示し、望ましい行動について幼児と考え、モデルとポイントを示します。そして、ロールプレイを実施し、まとめを行います。さらに、指導後にはグループ活動を行い直前に学習したポイントを活用できるような場を設定します。SEL-8N を実施した結果、子どもの強さと困難さのアンケート（Strengths and Difficulties Questionnaire: SDQ）により、幼児の行為の問題、多動・不注意、情緒の問題、仲間関係の問題の得点が減少し、向社会性の得点が増加したことが示されました。

　金山（2014）は、SEL の一種であるセカンドステップを保育所の年長クラスの幼児に、年間を通じて週 1 回のペースで 28 レッスン（各レッスン 30 分程度）実施しました。セカンドステップの内容は、「相互の理解」（12 レッスン）、「問題の解決」（10 レッスン）、「怒りの扱い」（6 レッスン）から構成されています。セカンドステップでは、レッスンカード（写真）、歌の CD や人形などを用い

て、ディスカッション、ゲーム、ロールプレイなどが行われ、レッスン後に、レッスン内容と合う絵本の読み聞かせなども行われます。セカンドステップを実施した結果、幼児用社会的スキル尺度により、幼児の主張スキル、協調スキル、自己統制スキルの得点が増加し、内在化問題行動と外在化問題行動の得点が減少したことが示されました。

　髙橋他（2018）は、社会的スキル訓練（Social Skills Training、以下SST）を幼稚園の年長クラスの幼児に、９か月間で６セッション（各セッションおおよそ35分）実施しました。SSTの内容は、「上手な話の聴き方」「優しい言葉のかけ方」「よいところをほめる」「道具の借り方」「優しい頼み方」「友だちの気持ちに気付いたときの言葉」から構成され、インストラクション、モデリング、リハーサル、フィードバックと強化が実施されました。SSTを実施した結果、幼児用社会的スキル尺度により、幼児の主張スキル、協調スキル、自己統制スキルの得点が増加し、内在化問題行動と外在化問題行動の得点が減少したことが示されました。加えて、問題行動の改善が主張スキル、協調スキルの向上によって媒介されるということも示されました。

　このような心理教育プログラムを全国の全ての園で全ての保育者が実施できるようになることは困難と思われますが、そのままプログラムとして実施しなくとも、プログラムの内容や実施方法を参考にしながら、保育の中で子どもの社会的スキルを育てていくための有効な方法を探っていくことは必要なことだと思われます。また、プログラムだけを実施したとしても、それだけで自然とスキルが身につくことはほとんどなく、子どもがプログラムで学んだスキルを維持し応用していくためには、子どもが日常生活の中でそのスキルを発揮していけるような保育者の援助が必要不可欠です。日々の保育の中に、子どもが社会的スキルを学ぶ機会が豊富にあるということを意識し、機会を捉えて子どもの社会的スキルを育てていくことは、保育者の重要な役割だといえます。

## (3) 発達障がいのある子どもへの支援

　発達障がいのある子ども、特に自閉スペクトラム症のある子どもは、社会性の発達が遅れたり、年齢相応の仲間関係を築いて維持したりすることが苦手であることが少なくありません。そのため、他児との関わりや遊びにおいて、他

児から嫌がられたり拒否されたりすることがあります。知的発達に遅れがある場合には、運動スキル、コミュニケーションスキル、生活スキルなど、さまざまなスキルが幼いために、他児から年齢の低い子どものように扱われたりからかわれたりすることもあります。攻撃的な言動を示す場合には、他児から嫌がられたり拒否されたりすることもあります。年齢が上がっていくにつれ集団の凝集性が高くなっていくと、子どもたちは自分たちとは違う（と思える）者を排除しようとする意識が出てくるため、集団活動で一斉に指示に従えなかったり別のことをしたりしている子どもが、他児から注意を受けたり、仲間外れにされたり、放っておかれたりすることもあります。これらは、発達障がいのある子どもに限らないことではありますが、発達障がいのない子どもと比べると発達障がいのある子どもが人間関係の問題を示すリスクは明らかに高いと思われます。このような問題自体がいじめであったり、その後いじめに発展していったりすることがあるため、発達障がいの子どもがいじめの被害者となってしまったり加害者となってしまったりするリスクがあるのです。

　発達障がいのある子どもに対しては、特に丁寧に社会性の発達を支援していくことが重要になります。ただし、発達障がいと診断されている子どもであっても、その特徴は一人ひとり異なります。また、発達障がいの特性の程度は連続的である（有無ではなく、程度の違いとして表される）ことを踏まえると、実際の支援では、障がいの診断の有無や障がい名ではなく、目の前の子どもの特性について理解を深め、その子どものどのような場面でのどのような行動に対して支援を行うのかを具体的に考えることが必要です。また、人間関係の問題は、その子どもと相手との相互的な関係の中で生じるものですので、どちらか一方に対してのみなんらかの支援をすればよいということではなく、双方に働きかけることが必要となる場合が多くあります。

　例えば、園で、他児が遊んでいる遊具を勝手に取ってしまったり（「貸して」と言わずに）、他児の許可なしに遊びの輪に入って（「仲間に入れて」と言わずに）自分のしたいように行動したりする発達障がいのある子どもの支援について考えてみましょう。その子どもは児童発達支援の事業所で個別支援（大人と1対1）を受け、園での適応をより良くするために、社会的スキルの指導として、相手に「貸して」や「仲間に入れて」と伝えることを目標にして支援に取り組

みました。事業所では、ロールプレイを通して、また、遊びの中で、指導者（大人）に対して徐々に「貸して」や「仲間に入れて」と言えるようになってきました。しかし、園では、他児に対して「貸して」や「仲間に入れて」と言えるようになりませんでした。発達障がいのある子どもは、ある特定の場面で身につけた行動を別の場面で発揮することが難しいという場合があります。そのため、園で相手に伝えられるようになるためには、実際の園の場面で、相手に伝える経験を積み重ねていくことが必要だったのです。そこで、園でも保育者が促していくことで、徐々に自分から「貸して」や「仲間に入れて」と他児に言えることが増えていきました。また、「これ、使いたい」「一緒に遊ぼう」などの言い方も身につけていきました。一方で、相手の許可を得ずに取ってしまうことや遊びに入って喧嘩をしてしまうことも続きました。保育者がよく観察してみると、子どもによってはその子どもに対して「やだ、貸してあげない」と応答したり、「○○さんはダメ（入れない）」と拒否したりすることがありました。皆さんは、このような場面で子どもたちにどのように対応しますか？　幼児の人間関係づくりを支援する場合、発達障がいのある子どもに対してのみ、こうすればよいと教えていくだけでうまくいくことは少ないように思います。保育者は子ども同士のトラブルにつながらないように、発達障がいのある子どもに対して、別の子どもと遊ぶことや別の遊びをすることを提案することがあるかもしれません。もしくは、応答した子どもに対して、「そんなこと言わないで、貸してあげて」「入れてあげて」「みんなで仲良く遊びましょう」と注意することがあるかもしれません。実際にそのような対応が必要な場合もありますが、一人ひとりの子どもたちに考えや気持ちがあるはずであり、それぞれの子どもの考えや気持ちを理解することなしに人間関係づくりはできません。例えば、保育者が双方の間に入って、「やだ、貸してあげない」と言った子どもには「いま使ってるからかな？」「終わったら貸してもらいたいな」と伝えたり、「貸して」と言った子どもには「いま○○さんは使っているみたいだから、残念だけど、待ってみようね」と伝えたりしながら、子ども同士のより良い人間関係づくりを援助していくことが必要です。そして、このようなことは、発達障がいのある子どもだけでなく、全ての子どもに共通していえることも忘れてはなりません。

## (4) 園全体での支援

　園には多くの子どもたちがいます。そして子ども一人ひとりの特徴は実に多様です。特に幼児期は、同じ年齢であっても誕生月によって、また、これまでの経験によって、発達には大きな幅があります（例えば、同じ年齢クラスであっても、4、5月生まれの子どもと早生まれの子どもの発達は大きく異なります）。従来、園は、発達障がいの有無にかかわらず、実に多様な発達・特徴の子どもたちを受け入れています。そのため、発達障がいのある子どものことだけを考えて支援をしようと思ってもうまくいきません。発達障がいのある子どもも含む園・クラスに在籍する全ての子どもへの通常の保育がうまくいくことがまずはとても大切なのです。その基盤があって初めて、発達障がいのある子どもや気になる子どもに対してプラスアルファとしての配慮や支援ができるのです。

### 1）園内体制

　保育者には、集団の保育を行う上でのクラス運営と、発達障がいのある子どもや気になる子どもへの個別的な配慮や対応を両立することが求められます。そのため、担任の保育者にとって、身体的にも精神的にも負担は大きくなることがあります。保育者一人ひとりの知識やスキルを高めていくことはもちろん大切なことですが、担任が保育に関する悩みや子どもへの支援についての困り感を1人で抱えたままにならないように、保育者同士がお互いに実際的にも精神的にもサポートし合い認め合える関係を築いていくことで、園の保育者集団としての力を高めていくことが大切になります。そのために、園内研修やカンファレンスを定期的に行っていくことが望まれます。そして、必要な調整を行う役割を担うコーディネーターを配置することが望まれます。コーディネーターは当初は学校の特別支援教育で導入されてきた仕組みですが、現在では、幼稚園や保育所においても設置することが求められています。保育者同士の関係性は、保育自体に、さらには子どもたちにも影響することが少なくありません。保育者同士の声かけの仕方や関わり方、協力の仕方を子どもたちが見ていることを自覚し、大人同士の肯定的な関係性を大切にすることが必要です。大人同士の肯定的な関係性を大切にできなければ、子ども同士の肯定的な関係性

を育てていくことはできないのです。

## 2）クラス経営、保育活動、環境設定

　一般的には、園での生活は、日常生活に関わる活動（荷物整理、手洗いうがい、排泄、着替え、食事、睡眠など）、設定活動（朝の会、歌、絵本・紙芝居、制作活動、運動、話し合い、集団遊びなど）、自由遊び（室内、室外など）など多様な活動で構成されています。子どもが園の生活に適応できるかどうかは、子どもがこれらの活動に充実感を味わえているかどうかにかかっているといっても過言ではありません。集団の保育では、子ども同士が楽しく遊べるような遊具・道具の準備、理解して取り組める活動の設定、安全で安心できる室内環境の整備などがまずは重要となります。子どもたちにとって理解が難しく、実行することが難しい活動であれば、多くの子どもたちが活動に従事することは難しいでしょう。一方で、子どもたちが理解でき、実行できる活動であっても、時間が長かったり、簡単すぎたりすれば飽きてしまい、やはり活動に従事することは難しいでしょう。そうなれば、発達障がいの子どもだけでなく、クラスの大半の子どもたちが適応できなくなってしまい、結果として、発達障がいの子どもに対して支援を行うことは難しくなるでしょう。また、保育者の肯定的な関わり方として、子どもたちにわかりやすい声かけを行い、よく観察しながら見守り、適宜援助したり、子どもたちを認めたり褒めたり、子どもたちの話を共感的に聴いたりすることも重要です。保育者の声のかけ方や関わり方によって、よくも悪くも子どもたちの行動は大きく変化します。保育者の声のかけ方や関わり方は、子どもたちにとってモデルになりますので、保育者が子どもたちに対して否定的な声かけ（例えば、子どものできていないことに注目して叱責する）ばかりしていれば、クラスの子どもたちも他児に対して同じような言い方（例えば、お互いにできていないことを注意し合う）になっていくでしょう。

　クラス経営がうまくいっている場合、子どもたち全体が落ち着いて過ごせていることが多く、発達障がいの子どもも同じように過ごせていることが少なくありません。クラス経営がスムーズでないと、子どもたち全体が落ち着かず、保育者に発達障がいのある子どもの支援を行う余裕がないことがほとんどです。そして、集団生活のルールや活動の流れに沿って行動できない子どもに対して、否定的な声かけや制止などが増えてしまいがちです。そうなれば、子ど

もの反応はますます否定的になってしまったり、子ども同士の人間関係にも否定的な影響が出てしまったりします。クラス経営がスムーズでない場合には、担任である保育者個人のクラス経営のスキルの問題だけにするのではなく、園全体でより良い方策を考え、その保育者をサポートするという体制が必要です。園長、主任保育者、先輩の保育者など、経験豊富な保育者のアドバイスや、また、外部専門家（例えば、巡回支援員）のアドバイスが役に立つでしょう。通常、外部専門家の支援は、個別的な支援を要する子どもを対象として行われるため、特定の子どもに対するアドバイスがなされる場合がほとんどですが、クラス経営がスムーズでない場合には、そのアドバイスを実行できないことが少なくありませんので、外部専門家と一緒にクラス経営について考えていきましょう。

　子どもたちの人間関係は園の生活全体を通して育まれていきますが、中でも、自由遊びの時間は、子どもが他児と関わる機会が多くなる時間であり、さまざまな人間関係を経験する重要な時間です。同時に、子どもたちの人間関係が最も表れる時間でもあります。子どもたちの言動をよく観察するために、保育者は、自由遊びの時間も設定活動という意識をもつことが必要だと思います。誰と誰が遊んでいるのか、人数はどうか、何をして遊んでいるか、どのように遊んでいるのか、どのくらいの時間遊んでいるか、遊んでいるときに子どもの表情や言動はどうか、遊び始め、切り替え、終わりの様子、メンバーの入れ替わりなど、クラスの子どもたち全体を見ながら、適宜、声をかけたり、援助したりしていくことが求められます。例えば、1人で室内をフラフラしていて特定の遊びに遊び込めていなかったり、誰かと遊べていなかったりする子どもがいる場合、その子どものことをよく観察してどうしてそのような状況なのかを考え、それに応じて子どもに対応することが必要となります。例えば、他児の遊びに入れないのかもしれませんし、入ろうとしたけれども拒否されてしまったのかもしれません。「今日は何しようかなって考えてるところ？」「何かあった？」などと声をかけて、子ども自身の話を聴いてみたり、ときには、保育者が遊びに誘ったり、その子の好きな遊びを見つけてそれを通して他児と一緒に遊べる場所を共有できるように促したりする必要があるかもしれません。また、いつも同じメンバーで戦いごっこをしているグループの中でいつも特定

の子どもが同じ役割になっていれば、その子どもに「○○くん、昨日も△△になっていたね」と声をかけて、その理由を尋ねてみたり、鬼ごっこで毎回追いかけられている子どもがいれば、遊んでいるグループの子どもたちに対して、「みんなが○○さんばっかりを追いかけているように見えたけどどうしたのかな？」と子どもたちに尋ねてみたりしながら、子どもたちの人間関係や、子ども一人ひとりの考えや気持ちを把握していくことが重要になります。ときには、子ども同士の言い合いや喧嘩もあるでしょう。子どもたちから何があったのか、どういう経緯でそうなったのか、それぞれの考えや気持ちなどをくみ取りながら話を聴き、お互いに伝えるよう促したり代弁したり、根気よく対立の解消を促していくことが求められます。子どもの人間関係の支援には、ここでは書き尽くせないほどの多様なスキルが存在しますが、子どもに応じて、場面や状況に応じて、また相手との人間関係に応じて関わっていくことこそ、保育者の専門性といえるでしょう。

### 3) 個別的な支援

　集団の保育を充実させていくことに加えて、発達障がいのある子どもに対して、個別的な支援が必要となる場合があります。個別的な支援といっても、さまざまな形態があります。大人と 1 対 1 で集団から離れて保育する（例えば、別室で）方法や、集団の中での個別的な支援を行う（例えば、クラス内で少し離れた位置、一番前や後ろ、端の座席で）方法などがあります。クラスを担任 1 人で担当している場合には別室での支援は難しいでしょうから、それを行うためには、複数担任、加配保育者の配置など人的な資源が必要になるでしょう。筆者の経験では、状況によって、園長、主任、看護師、また、バスの運転手や事務職員が対応している園もありました。人的な資源がなく、担任 1 人の場合には、同じ室内でできる支援を考える必要があります。

　個別的な支援は、形態だけでなく、その中身、つまり、その子どものニーズに応じてどんな行動をどのように支援するのかが重要になります。そのためにはアセスメントが大切となり、その子どもの発達、特性、好みを踏まえる必要があります。特に人間関係の支援では、設定活動中の子どもの位置に配慮が必要です。例えば、列の順番、ペア、グループメンバーなどを工夫し、他児からのサポートを期待することもあります。自由遊び場面でも同様に、他児からの

関わりを期待することもあります。一方で、他児への関心が低く関わりが乏しかったり、他児からの関わりに強い不安をもったり回避的になったりする子どもの場合には、まずは1人で安心して遊べることや、大人と遊べることを支援する場合もあります。

　個別的な支援を行う際に気をつけるポイントは、周囲の子どもたちが、その状況をどのように捉えているかということを意識することです。既に述べたように、大人の子どもへの関わり方が、周囲の子どもたちがその子どもに関わるモデルになります。また、子どもによっては、「いつも○○さんだけずるい」という気持ちをもったり、自分にも関わってほしいという言動を示したりする子どももいます。筆者の経験では、そのような言動を示す子どもも個別的な支援を必要としている場合が少なくないと思います。1対1という形態を求めているというよりは、自分にも関わってほしい、声をかけてほしいという気持ちが強いのではないかと思います。これらのことを意識しておかないと、個別的な支援を受けている子どもに対して否定的なイメージが形成されてしまったり、実際に否定的な言動を示したりすることにつながってしまうことがあります。例えば、個別的な支援を受けている発達障がいのある子どもを排除して自分が保育者を独占しようとしたり、自分も集団から外れるような行動を示したりする子どもがいました。他にも、個別的な支援を受けている発達障がいのある子どもを仲間外れにしたり、その子どもの持ち物を隠したり、その子どもに否定的な言葉を言ったり（「あっち行って」「ダメ」「ずるい」など）する子どもがいました。このような言動が見られるような場合には、通常の保育を見直し、また、そのような言動を示す子どもについてもアセスメントを行い、その子どもへの関わり方を工夫する必要があるでしょう。

　個別的な支援のねらいや方法をあらかじめ計画して、その計画に沿って支援する際には、現在の支援がうまくいっているのかどうかを振り返り（評価し）ながら進めていくことが必要となります。この一連の、計画、実行、評価というサイクルは、担任1人だけで行うのではなく、園全体でカンファレンスをしながら、もしくは、外部専門家と一緒に行っていくことが望まれます。

## 3　おわりに——子どもの発達の支援の重要性

　子どもが集団生活を通して、さまざまな人間関係を経験し、より良い関わり方を身につけていくことはとても重要なことです。幼児期の人間関係は子どものその後の適応に影響するため、幼児期から人間関係の支援を行っていくことが必要です。それは全ての子どもたちにいえることであり、社会性に課題のある発達障がいの子どもたちにはとりわけ重要なことだと思われます。

　現代の子どもたちのいじめを含む人間関係の問題に対して、予防という観点からさまざまな取り組みが模索されています。幼児期の人間関係の支援もその1つです。ですが、発達的、長期的な視点で考えれば、人間関係の支援が、結果として問題の予防につながるのであって、子どもの発達を支援すること自体が重要であるのです。それは保育そのものであり、今後保育者にはますます大きな役割が期待され、より高い専門性が求められていくことでしょう。また、保育者には親、地域住民、学校教員、さまざまな機関の支援者などと連携、協力して、子どもの発達を支援していくことが必要になるでしょう。

文献

原口英之（2021）．保育所・幼稚園への巡回相談のアウトカム：エビデンスの整理．発達障害研究，43(2)，185-194．

金山元春（2014）．保育所における「セカンドステップ」の評価．心理臨床学研究，32(1)，132-136．

髙橋高人・松原耕平・佐藤正二（2018）．幼児に対する集団社会的スキル訓練の効果：標準群との比較．認知行動療法研究，44(1)，41-51．

山田洋平・小泉令三（2020）．幼児を対象とした社会性と情動の学習（SEL-8N）プログラムの効果．教育心理学研究，68，216-229．

第**4**章　　　　　　　　　　　　　　　　　　大久保賢一

# ポジティブ行動支援 (PBS) の推進から期待されるいじめ防止効果

## 1　ポジティブ行動支援（Positive Behavior Support: PBS）とは何か

　ポジティブ行動支援（Positive Behavior Support: PBS）は、「『ポジティブな行動を』支援する」（標的行動がポジティブであるということ）と「『ポジティブに』行動支援をする」（支援方法がポジティブであるということ）という 2 つの意味をもつ行動支援の枠組みです。PBS は例えば、「アプリケーション」「応用科学」「テクノロジー」「手続きの集積」「アセスメントと介入のプロセス」「アプローチ方法」「枠組み」などと多様に表現され、（Kincaid et al., 2016）、さまざまに定義されてきました（大久保他，2020）。少し長い定義となりますが、比較的最近のものとしては、Kincaid et al.（2016）が、「PBS は行動を支援するためのアプローチであり、研究に基づくアセスメント、介入、そしてデータに基づく意思決定に関する継続的なプロセスを含む。そしてそのアプローチは、社会的能力やその他の機能的な能力を形成し、サポーティブな文脈を作り出し、問題行動の発生の予防に焦点を当てる。PBS は、主に行動科学、教育科学、社会科学に由来する個人の尊厳と全般的なウェルビーイングを尊重する方略を拠り所とするが、他のエビデンスに基づく手続きを組み込むこともできる。PBS は、個人のレベルにおいても、より大きなシステムのレベル（例えば、家族、学級、学校、社会サービスプログラム、機関など）においても、多層的な枠組みの中で適用される」というものを示しています。

　応用行動分析学（Applied Behavior Analysis: ABA）においては、特に重度障がいのある方々が示す問題行動を減少させるために罰的な手続きが用いられることがありました。そのことに対する批判として「非嫌悪的な（non-aversive）」

行動論的アプローチの必要性が提唱されるようになったことが PBS の誕生につながりました（Horner et al., 1990）。また、当時のノーマライゼーション思想や当事者中心主義の考え方が広まり、従来の行動論的アプローチにおけるパターナリスティックな専門家主導の意志決定の在り方が批判的に検討されることもあり、PBS の普及を後押ししました。

　ABA や PBS の基礎となる「行動」に対する重要なスタンスは、行動を環境との相互作用の中で捉えるということです。それは行動の原因を個人のパーソナリティや障がい特性などに帰属しないということを意味します。ABA や PBS においては、行動を図 4-1 に示したような「行動の ABC」の枠組みで捉えます。「お片づけをする」という行動が例に挙げられていますが、この行動が成立するためには「何をすればよいのかわかっている」「それをすることが

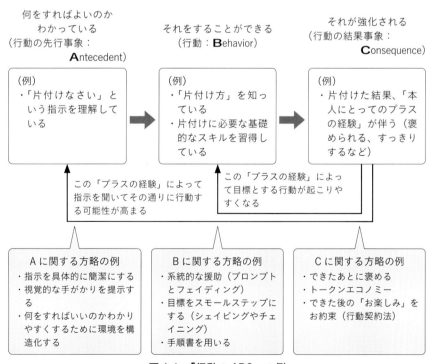

図 4-1　「行動の ABC」の例

できる」「それが強化される」という条件の整備が必要であることが示されています。方略の例の詳細については大久保（2019）などをご参照ください。

　このようにして行動を先行事象と結果事象との関係性の中で分析し、「なぜその行動をやってくれないのか」あるいは「なぜその行動をやめてくれないのか」について検討してきます。そしてこの先行事象と結果事象は環境要因と密接に関係しています。子どもが抱えるさまざまな不適応状態を「個人と環境との相互作用の結果」であると捉えれば、「子どもを変える」という発想をもつだけでは明らかに不十分です。問題行動を予防し、適切な行動が生起しやすくなるような環境の整備が必要であり、その環境整備を可能にするための仕組み作りが必要になるのです。

## 2　学校規模ポジティブ行動支援（SWPBS）の理論と実践

　学校場面における行動支援を効果的・持続的に行うためのモデルの1つとして、学校規模ポジティブ行動支援（School-wide Positive Behavior Support: SWPBS）があります。SWPBS は、学校が全ての児童生徒にとって安全で効果的な学習環境であるために必要な学校文化と個別的な行動支援を確立するためのシステムアプローチです（Sugai & Horner, 2009）。SWPBS は、①測定可能な学業面、社会面の成果、②効果的な行動論的介入に関する意志決定と選択を導く情報とデータ、③児童生徒の学業と社会的行動の成功を支えるエビデンスに基づく介入、④実践の正確性と持続性を高めるためにデザインされたシステムのサポート、という4つの要素から成り立っています（Sugai & Horner, 2002; Sugai & Horner, 2009）（図4-2を参照）。さらに、Sugai & Horner（2009）は、SWPBS の6つの特徴について述べています。その6つの特徴とは、①その理論的・概念的基盤は行動論と応用行動分析学に密接に関連している、②第1層（全ての場面における全ての児童生徒を対象とした行動支援）と第2層（第1層支援が効果的でなかった者に対するより集中的な支援）、そして第3層（第1層支援と第2層支援において効果が示されなかった者に対する高度に集中的な支援）という3層から成る予防を強調する支援の連続体を構築する（図4-3を参照）、③対象が全校生徒であれ個人であれ、社会的な行動を教えることが優先され

図 4-2　**SWPBS の構成要素**

Sugai, G., & Horner, R.（2002）. The evolution of discipline practices: school-wide positive behavior supports. Child & Family Behavior Therapy, 24, 23-50. より抜粋．日本語訳は著者による．

る、④エビデンスや研究成果に基づいた実践が選択され適用される、⑤システムの視点を取り入れ、地域における人材の能力や専門性を養成する、⑥実践が計画通りに実行されているかどうか、その実践が児童生徒の成果に対してポジティブな効果を示しているかどうかを判断するためにデータを収集して用いる、というものです。

　庭山（2020）は、SWPBS が実施された海外の効果研究をレビューし、office discipline referral: ODR（問題行動の発生と指導の記録、詳細は田中［2020］を参照）の減少、停学処分の減少、向社会行動の増加、いじめ関連行動の減少、学校内の安全感の向上などの成果を示しています。また近年は日本においても SWPBS の第 1 層支援に位置づけられる実践の成果が報告され始めています。例えば、石黒（2010）は公立中学校において「応用行動分析学を用いた学校秩

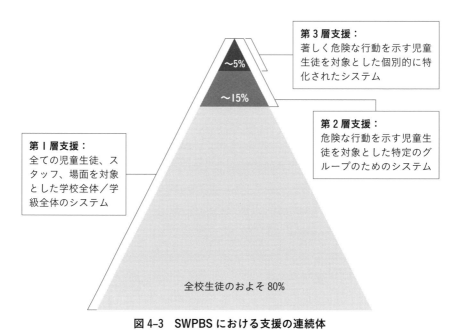

第 3 層支援：
著しく危険な行動を示す児童生徒を対象とした個別的に特化されたシステム

～5%

～15%

第 2 層支援：
危険な行動を示す児童生徒を対象とした特定のグループのためのシステム

第 1 層支援：
全ての児童生徒、スタッフ、場面を対象とした学校全体／学級全体のシステム

全校生徒のおよそ 80%

**図 4-3　SWPBS における支援の連続体**

Sugai, G., & Horner, R. (2002). The evolution of discipline practices: school-wide positive behavior supports. Child & Family Behavior Therapy, 24, 23-50. より抜粋．日本語訳は著者による．

序回復プログラム」を実施した結果、学校全体の修繕費と問題行動の頻度が減少し、問題の深刻度が低いものへ変化したという成果を報告しています。大久保他（2020）は、公立小学校において SWPBS 第 1 層支援を実施した結果、全校児童の目標行動の生起率と学校肯定感が高まったことを報告しました。また、松山・三田地（2020）は、公立高校において SWPBS 第 1 層支援を実施した結果、学校全体の懲戒件数が減少したことを報告しました。さらに大対他（2021）は、公立小学校において SWPBS の実施した結果、教師のメンタルヘルスが改善したことを報告しています。

## 3　SWPBS 第 1 層支援の具体的手続き

　前述したように SWPBS における第 1 層支援の対象は全校児童生徒です。教職員が合議の上で設定した目標行動を児童生徒に教え、強化することにより学

校全体における児童生徒の適切な行動を増加させ、問題行動を予防することが第1層支援の目的です。第1層支援が十分に機能することで、第2層支援や第3層支援が必要となるケースの発生を抑制することも期待されます。

　第1層支援の手続きを導くのは、前述した「行動のABC」です。全校児童生徒を対象とした「A」に対するアプローチとして「期待される目標行動を明確に示す」、「B」に対するアプローチとして「目標行動を効果的に指導する」、「C」に対するアプローチとして「目標行動を強化する」といった行動支援を全校規模で実施していきます。

　SWPBSの第1層支援においては、期待される目標行動を明確に示すためのツールとして「ポジティブ行動マトリクス」がよく用いられます。図4-4に示したマトリクスは一例ですが、一番上の行に「学校で期待される姿」を3〜5

| | ルールを守る | 自分も相手も大切にする | すてきなことばを使う |
|---|---|---|---|
| 授業中 | ・授業が終わったら次の授業の準備をしよう | ・話をしている人へおへそを向けよう<br>・「同じです」「そうだね」「わかりました」などと発表した人に答えよう | ・丁寧な言葉を使おう<br>・呼ばれたら返事をしよう |
| 体育 | ・時間どおりに集合して整列しよう<br>・使った道具を元の場所に戻そう | ・準備や片付けを協力してやろう<br>・他の人の素晴らしいプレイを褒めよう | ・うまくいかないときに「がんばろう」「ドンマイ」などと声をかけよう |
| そうじ | ・それぞれの場所にある手順表とおりにそうじをしよう<br>・時間内にできるだけきれいにしよう | ・そうじを分担して協力して進めよう<br>・自分の分担が終わったら、まだ終わっていない人を手伝おう | ・手伝ってくれたことに対してお礼を伝えよう |
| 休み時間 | ・チャイムが鳴ったらすぐに教室に戻ろう | ・「あったか言葉」を使おう | ・「あったか言葉」を使おう |
| ろうか | ・走らずに歩くようにしよう | ・ろうかを走っている人がいたときに、注意するのではなく「危ないから歩こう」と声をかけよう | ・他学年の児童や学校外のお客さんにも挨拶をしよう |

**図4-4　ポジティブ行動マトリクスの例**

つ記入します。その目標の内容は全ての教職員の意見を集約した上で設定し、全教職員による合意を形成しておく必要があります。次に左の列に取り組みを行う場面や場所を 3 〜 5 つ記入します。この内容についても「学校で期待される姿」と同様に全教職員による合意を形成しておくことが重要です。可能であれば、それまでに蓄積されている学校全体の問題行動に関するデータに基づいて設定するようにします。次に縦のラインと横のラインがクロスするセルに当てはまる目標行動を設定します。完成したマトリクスは校内の様々な場所に掲示することによって児童生徒や教職員に対するリマインダーとなります。

　目標行動が設定されたら次はそれらの行動を児童生徒に指導します。指導は、①教示、②モデリング、③ロールプレイ、④フィードバックなどといった手続きを用いて行いますが、詳細は児童生徒の実態に応じてカスタマイズしていきます。指導場面の設定については、例えば各教室において授業時間内に担任教師が行うという選択肢や、全校集会において校長が行うといった選択肢などがあります。学校全体における教職員の分掌、カリキュラム、活動計画などにあらかじめ SWPBS に関する取り組みを位置づけて検討しておくと実行度が高まると考えられます。

　県全体で SWPBS に取り組んでいる徳島県の県立総合教育センターのサイト内にある「特別支援まなびの広場」には、実践事例集や教材などが豊富にアップロードされています。是非ご参照ください。

## 4　SWPBS におけるいじめ防止

　前述したように SWPBS には従来からさまざまな効果とともにいじめ防止効果があることが報告されてきました。元来、SWPBS はいじめ問題に特化した枠組みではなかったのですが、米国の教育省に設置されている「National technical assistance center on positive behavioral interventions and supports」は、SWPBS におけるいじめ防止に特化したプログラムの実施マニュアルを公開しています。それは小学校用の「Bully prevention in positive behavior support」（Ross et al., 2012）と中学校・高等学校用の「Bullying and harassment prevention in positive behavior support: expect respect」（Stiller et al., 2013）です。以下、それらのプログラムの概要を示し、いくつかの効果研究を紹介します。

## （1）いじめ防止プログラムの具体的手続き

　SWPBS におけるいじめ防止は、まずは第 1 層支援に位置づけて実施します。前述したマニュアルでは、いじめ関連行動をろうそくの炎に例え、その炎を燃焼させる酸素に相当するのが、いじめ関連行動に対する反応や注目であり、いじめ防止とは被害者、加害者、第三者それぞれの立場でろうそくの炎に共有される酸素を止めることであると、プログラムの序盤で解説されます。

　SWPBS におけるいじめ防止プログラムでは、「stop」「walk」「talk」という 3 つを標的行動として設定し、これらの行動に関するトレーニングを行います。「stop」とは、いじめ関連行動が起きた際にそれを止めるための行動のことです。被害を受けた子どもがされるがままになってしまう状況を止めるため、被害を受けた子どもが「やめてほしい」という意思を表出できるようにトレーニングを行います。どのようなフレーズ（「やめて」「ストップ」「もういいよ」「そこまでにしよう」など）やジェスチャー（手のひらを相手に向ける、両腕を交差させてバツを作るなど）を用いるかはケースバイケースですが、マニュアルでは「stop」のシグナルとなるフレーズやジェスチャーは学校全体で統一し、子どもたちが覚えやすいものを選定することが推奨されています。「stop」の意思表示を行うためのフレーズとジェスチャーが選定されたら、次はどのような場面でその行動を使うのかについて教職員から教示したり、子どもたち同士でディスカッションしてもらいます。これは学校においていじめ関連行動をどのように捉え、定義づけているのかということと密接に関連することになります。「stop」のシグナルを発することが適切でない状況（例えば、サッカーやバスケットボールをしていてボールを奪われることや、ドッジボールをしていてボールを当てられることなど、ルールの範囲内の出来事）について話題にしておくことも児童生徒の理解を深めるために効果的です。その後にロールプレイを行い、実際に「stop」のシグナルを相手に伝える練習します。その際に必ず全ての子どもが加害側と被害側の両方の役割を演じるようにロールプレイを進めるようにします。それは後述するように加害側の子どもが「stop」のシグナルを

受けた場合の適切なリアクションを練習しておくことも重要であるからです。

　「stop」のシグナルだけで加害側の行動がうまく止まらない場合は、次の「walk」を試みることになります。「walk」とは被害を受けている子どもがその場から立ち去ることを意味します。その場でいじめ関連行動に対して反応を示し続けることが加害者の行動を強化してしまう可能性があることから、その場から立ち去ることが合理的であることについて説明します。その後にロールプレイを行い、「stop」を伝えた後で相手がいじめ関連行動を止めてくれない場合に、その場から立ち去ることをロールプレイとフィードバックを使ってトレーニングします。この場合も全ての子どもが加害側と被害側の両方の役割を演じるようにロールプレイを進めるようにします。

　「walk」もうまくいかない場合、例えばその場から立ち去ることを妨害されたり、しつこく追ってきたり、別の機会にいじめ関連行動を繰り返すといった場合は、「talk」を試みることになります。「talk」とは誰かに助けを求めたり、相談することを意味します。例えば被害にあった子どもやいじめを目撃した第三者が教職員に助けを求めたり、相談することが考えられます。このスキルもロールプレイとフィードバックを用いて実際に練習を行います。また教職員が助けを求められたり相談を受けた場合にどのように応じるのか、あらかじめある程度統一した対応方法を検討しておきます。対応の一例として、①子どもが話しに来てくれたことに対する強化、②状況や危険性の確認、③安全を確保するための対応などが考えられます。可能であれば、教職員もロールプレイを行い、適切に対応できるように練習しておきます。

　前述したように「stop」「walk」「talk」に関するスキルは、いじめ関連行動に対する被害者の立場としてだけではなく、加害者や第三者といった立場としてもトレーニングを行うことが効果的です。例えば「stop」のトレーニングにおいて加害者を演じる子どもは、「stop」を示すフレーズやジェスチャーに対して、自分には「いじめを行っている」という意図がない場合であったとしても無条件にそのときに行っている行動を止めることを学習します。また、第三者の立場として「stop」「walk」「talk」に関連する行動をトレーニングすることは極めて重要です。被害にあっている子どもを「見て見ぬ振り」をしたり、加害をしている子どもに同調するのではなく、いじめを積極的に止めたり、被

害にあっている子どもを助け出したり、教職員へ助けを求め相談する子どもを集団内に増やしておくことは、問題のエスカレーションを防ぐための強力な手立てとなります。

　教職員に対する研修も重要です。取り組みの理論的背景や具体的な手続きについて理解を深め、全校である程度統一した対応を行うことが重要です。また、教職員にはさまざまな場面において「stop」「walk」「talk」に関連する行動を子どもたちに対してリマインドしたり、プロンプトしたり、強化する役割が期待されることになります。

## (2) いじめ防止プログラムの効果

　海外においては、SWPBS におけるいじめ防止プログラムの効果がいくつかの研究で示されています。例えば、Nese et al.（2014）は、3 つの中学校において、学校規模で実施するいじめ防止プログラムを実施しました。具体的には、6 か月間にわたって 1 時間のレッスンを 3 回行い、①敬意を欠く行動に遭遇したときに「stop」のシグナルを送る方法、②「stop」シグナルを受けた場合にそれに応じる方法、③加害者が「stop」のシグナルを受けても敬意を欠く行動をやめないところを目撃した際に、第三者が適切に介入する方法、④いじめ行為が続く場合に大人のサポートを得る方法についてトレーニングを行いました。その結果、カフェテリアにおける言語的または身体的な攻撃が減少したことが報告されました。

　Ross & Horner（2009）は、3 つの小学校において学校規模のいじめ防止プログラムを実施しました。具体的には、①敬意のある行動とそうではない行動の区別、②敬意を欠く行為をされた場合に「stop」のシグナルを示すこと、③誰かが敬意を欠く行動の被害にあっているところを見かけたら、stop シグナルを示し、被害にあっている児童をそこから連れ去ること、④ stop シグナルを出しても敬意を欠く行動が続く場合にその場を立ち去ること、⑤立ち去った後もさらに被害が続く場合は大人に相談することなどがトレーニングされました。なお、この研究においては、児童に対して「いじめ（bully）」という用語や概念が一切用いられることなく実践が進められました。結果として、被害児童と第三者の「stop」と「walk」に関連する行動が増加し、いじめ関連行動

に対する第三者の肯定的な反応（はやし立てたり、笑ったりする行動）が減少し、加害行動が標的となっていた対象児童 6 名全員の言語的あるいは身体的な攻撃行動が低減したことが示されました。

　Waasdorp et al.（2012）は 37 の公立小学校において 12,344 名の児童を対象に SWPBS におけるいじめ防止プログラムを実施し、無作為化比較試験（randomized controlled trial）によって SWPBS を実施した学校の方がいじめや仲間はずれといった行動が有意に少なくなることを示しました。

## 5　おわりに

　以上、SWPBS におけるいじめ防止プログラムの概要といくつかの効果研究について紹介しました。重要であるのは、このようなプログラムが SWPBS の枠組みの中で実施されているということです。図 4-2 や図 4-3 に示したような仕組みが校内で機能していてはじめて、いじめ防止プログラムが効果的に運用されうるのだという点には注意が必要です。SWPBS を実際に学校へ導入することは敷居が高いと感じられるかもしれません。しかし、既に日本においてもいくつかの学校や自治体が SWPBS に取り組み、成果を示し始めています。日本の学校においても SWPBS を効果的に実施することは可能なのです。まだ日本においては、いじめ問題を標的とした SWPBS の客観的な効果は報告されていませんが、高い実行度（fidelity）が保たれれば、海外で実施された効果研究と同様の成果が得られることが期待できます。

文献

Horner, R. H., Dunlap, G., Koegel, R. L., Carr, E. G., Sailor, W., Anderson, J., Albin, R. W., & O'Neill, R. E.（1990）. Toward a technology of "nonaversive" behavioral support. The Journal of the Association for Persons with Severe Handicaps, 15(3), 125-132.

石黒康夫（2010）．応用行動分析学を用いた学校秩序回復プログラム．教育カウンセリング研究，3(1)，56-67.

Kincaid, D., Dunlap, G., Kern, L., Lane, K. L., Bambara, L. M., Brown, F., Fox, L., & Knoster, T. P.（2016）. Positive behavior support: a proposal for updating and refining the definition. Journal of Positive Behavior Interventions, 18(2), 69-73.

松山康成・三田地真実（2020）．高等学校における学校規模ポジティブ行動支援（SWPBS）

第 1 層支援の実践—Good Behavior Ticket（GBT）と Positive Peer Reporting（PPR）の付加効果．行動分析学研究，34(2)，258-273.

Nese, R. N. T., Horner, R. H., Dickey, C. R., Stiller, B., & Tomlanovich, A.（2014）. Decreasing bullying behaviors in middle school: expect respect. School Psychology Quarterly, 29 (3), 272-286.

庭山和貴（2020）．学校規模のポジティブ行動支援（SWPBS/PBIS）という行動随伴性—社会的な規模における行動分析学的アプローチの適用．行動分析学研究，34(2)，178-197.

大久保賢一・辻本友紀子・庭山和貴（2020）．ポジティブ行動支援（PBS）とは何か？　行動分析学研究，34(2)，166-177.

大久保賢一（2019）．3 ステップで行動問題を解決するハンドブック—小・中学校で役立つ応用行動分析学．学研教育みらい．

大久保賢一・月本彈・大対香奈子・田中善大・野田航・庭山和貴（2020）．公立小学校における SWPBS 第 1 層支援の効果と社会的妥当性の検討．行動分析学研究，34(2)，244-255.

大対香奈子・庭山和貴・田中善大・松山康成（2021）．学校規模ポジティブ行動支援が教師のバーンアウトおよび効力感に及ぼす効果．近畿大学総合社会学部，9(2)，31-42.

Ross, S. W., & Horner, R. H.（2009）. Bully prevention in positive behavior support. Journal of Applied Behavior Analysis, 42(4), 747-759.

Ross, S. W, Horner, R. H., & Stiller, B. C.（2012）. Bullying prevention in positive behavior support. https://www.pbis.org/resource/bully-prevention-manual-elementary-level（2022 年 5 月 31 日閲覧）

Stiller, B. C, Nese, R. N. T, Tomlanovich, A. K., Horner, R. H., & Ross, S. W.（2013）. Bullying and harassment prevention in positive behavior support: expect respect. https://www.pbis.org/resource/bullying-prevention-in-pbis-expect-respect-middle-high-school-level（2022 年 5 月 31 日閲覧）

Sugai, G., & Horner, R.（2002）. The evolution of discipline practices: school-wide positive behavior supports. Child & Family Behavior Therapy, 24, 23-50.

Sugai, G., & Horner, R. H.（2009）. Defining and describing schoolwide positive behavior support. In W. Sailor, G. Dunlap, G. Sugai, & R. Horner（Eds.）, Handbook of positive behavior support（pp. 307-326）. Springer US.

田中善大（2020）．学校規模ポジティブ行動支援（SWPBS）を支えるデータシステムとしての ODR．行動分析学研究，34(2)，211-228.

徳島県総合教育センター「特別支援まなびの広場」．https://manabinohiroba.tokushima-ec.ed.jp（2022 年 5 月 31 日閲覧）

Waasdorp, T. E., Bradshaw, C. P., & Leaf, P. J.（2012）. The impact of schoolwide positive behavioral interventions and supports on bullying and peer rejection: a randomized controlled effectiveness trial. Archives of Pediatrics & Adolescent Medicine, 166, 149-156.

# 発達障がいのある児童生徒の
# いじめ被害を予防する学級経営

## 1　はじめに──いじめ相談の現場から

　筆者は、大学での教育や研究活動の傍ら、いじめに関する相談を受け付ける仙台市の相談窓口「仙台市いじめ等相談支援室 S-KET（エスケット）」にて相談業務にも携わっています。S-KET は、かつて仙台市の中学生がいじめを背景に自死する事案が 3 件発生したことから、市のいじめ防止対策の一環として開設されたものです。2020 年 6 月の開設以来、毎日多数の相談が寄せられていて、その相談内容も多岐にわたっています。子どもから直接相談が寄せられることもあれば、保護者からの相談も多く、またいじめ被害に関する相談もあれば、いじめ加害者側からの相談もあります。S-KET では、法律面のサポートが必要なケースには弁護士の専門員が対応し、また心理面のサポートが必要なケースの場合には筆者が心理相談の専門員として対応しています。

　保護者から寄せられる相談の中には「実は、うちの子どもは発達障がいがあって、以前から友達とうまくいっていなくて……」といったふうに、発達障がいが関連するものも少なくありません。こうした傾向は、いじめの被害・加害いずれの立場にも共通するものです。ただ、このことから「発達障がいがあるから、いじめられる」「発達障がいがあるから、いじめる」と早合点するのは危険です。本書のあちこちで述べられているように、発達障がいの子もさまざまで、その状態像は千差万別ですから、一様に「発達障がいだから……」と捉えるべきではありません。本章では、発達障がいといじめについて、教室内の実情はどのようになっているのか、まずはそれを知るところから始めていきたいと思います。

## 2　宮城教育大学 BP プロジェクトの取り組み

　筆者のいる宮城教育大学は、平成 27 年度より上越教育大学・鳴門教育大学・福岡教育大学と連携して、いじめ防止支援（BP）プロジェクトを実施してきました。本学は「特別支援教育といじめ」をテーマに掲げてさまざまな調査研究や研修を継続してきましたが、ここでは、平成 27 年度に実施した「発達障がい児のいじめ被害の実態調査」の結果について紹介したいと思います。

　この調査では、平成 27 年 11 月から平成 28 年 1 月にかけて、宮城県内の公立小・中・高等学校において通常学級を担任する教諭 8,618 名を対象に質問紙調査を実施し、4,584 名から有効回答を得ました。質問項目は、回答者の勤務先校種・学年等や性別、教職歴等の各種属性に関するものの他、「現在あなたが関わる児童生徒の間で、『特定の子』が被害にあうような以下のトラブルがどのくらいありますか？（「特定の子だけ遊びや会話の輪に入れてもらえない」「特定の子が所有物をとられたり隠されたりする」などの 15 項目について、「全くない」から「常にある」までの 5 段階評価）、「そのトラブルの被害にあっている『特定の子』には以下のような特徴がありますか？（「相手に失礼なことや傷つくことを言ってしまう」「一度感情が高まると興奮がおさまらない」などの 11 項目について、「全くあてはまらない」から「非常によくあてはまる」までの 5 段階評価）、さらに「『特定の子』がトラブルの被害にあっていることについて、他の多くの児童生徒はどのように捉えていますか？（『『トラブルにあっている「特定の子」がかわいそうだ』と思っている」などの 8 項目について、「全くあてはまらない」から「非常によくあてはまる」までの 5 段階評価）でした。

　上記のように、この調査では「発達障がい」や「いじめ」という語を用いず、それぞれ「特定の子」「トラブル」と表現しました。「特定の子」の中には、実際に発達障がいの医学的診断がついている子もいれば、そうでない子もいるはずですが、今回の調査では診断の有無や教員による判定を尋ねるのではなく、発達障がい児に見られる行動特徴を 11 項目挙げて、それらへのあてはまり度合いを尋ねることで実態を把握しようと試みました。「いじめ」についても同様に、いじめの判断は個人差が大きいため、質問紙では「トラブル」と表現し、いじめ被害に関する 15 項目を挙げて、それらへのあてはまり度合い

を尋ねています。

　以下に、それぞれの質問項目についての結果を示します（図 5-1 から図 5-3 は久保［2017］より引用し、図表の一部を筆者が改変した）。

## (1)「特定の子」のトラブル被害の様態

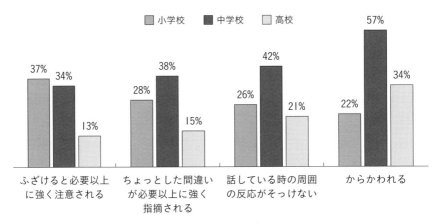

**図 5-1　「特定の子」のトラブル被害の様態**

　「現在あなたが関わる児童生徒の間で、『特定の子』が被害にあうような以下のトラブルがどのくらいありますか？」の質問項目 15 項目のうち、「4　よくある」「5　常にある」の回答割合が高かったもの 4 項目について、それぞれ校種別に示したのが図 5-1 です。3 校種のうち、高校は全体的に割合が少なくなっています。文部科学省の「児童生徒の問題行動・不登校等生徒指導上の諸課題に関する調査結果」においても、高校のいじめ認知件数は小学校・中学校に比べて低いことから、今回の結果も同様の傾向と捉えられます。

　小学校・中学校の通常学級担任教諭の回答において、「よくある」「常にある」の回答割合が多かったのは「（特定の子が）ふざけると必要以上に強く注意される」「（特定の子の）ちょっとした間違いが必要以上に強く指摘される」「（特定の子が）話している時の周囲の反応がそっけない」「（特定の子が）からかわれる」でした。これらのことから、通常学級において「特定の子」が、他の児童生徒から過剰な注意・叱責を受けたり、排斥されたり、からかいの対象と

なる被害を受けていることがうかがえます。

## (2)「特定の子」の特徴

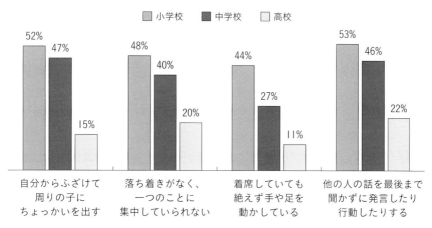

図5-2　「特定の子」の特徴

　「そのトラブルの被害にあっている『特定の子』には以下のような特徴があ
りますか？」の質問項目11項目のうち、「4　ややあてはまる」「5　非常によ
くあてはまる」の回答割合が高かったもの4項目について、それぞれ校種別に
示したのが図5-2です。ここでも高校の割合は低いのですが、小学校において
は「自分からふざけて周りの子にちょっかいを出す」「落ち着きがなく、一つ
のことに集中していられない」「着席していても絶えず手や足を動かしている」
「他の人の話を最後まで聞かずに発言したり行動したりする」の各項目は40%
以上の回答者（通常学級担任教諭）が「ややあてはまる」または「非常によく
あてはまる」と回答しており、また中学校においても「着席していても絶えず
手や足を動かしている」（27%）以外は40%以上の回答者があてはまっている
と回答しています。これらの行動特性は、自分の行動をコントロールすること
が困難な「衝動性」の高さ、また落ち着きのなさや動きの多さである「多動
性」と合致しており、ADHD児の行動特性と重なっているように捉えられま
す。実際に、この「特定の子」がADHDとの医学的診断を受けているかどう
かはわかりませんが、その行動上の特徴を見ると、通常学級内にて「ADHD」

のような行動特性をもつ子が、先の（1）で見たような「過剰な注意叱責、排斥、からかい」の被害を受けていると推測されます。

## （3）周囲の児童生徒の捉え方

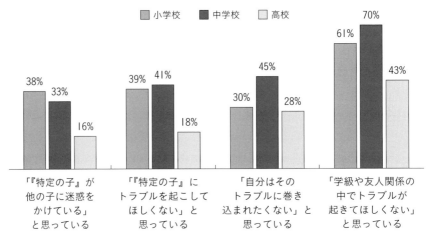

図 5-3　周囲の児童生徒の捉え方

　「『特定の子』がトラブルの被害にあっていることについて、他の多くの児童生徒はどのように捉えていますか？」の質問項目 8 項目のうち、「4　ややあてはまる」「5　非常によくあてはまる」の回答割合が高かったもの 4 項目について、それぞれ校種別に示したのが図 5-3 です。いずれの校種においても右端「『学級や友人関係の中でトラブルが起きてほしくない』と思っている」の割合が高くなりました。誰もがトラブルを望んでいないことがわかりますが、同時に「『自分はそのトラブルに巻き込まれたくない』と思っている」の割合も高くなっていることから、トラブル解決や予防のために積極的努力をするよりは、トラブルに巻き込まれないように距離を置くという対処法をとっている子が多いことがうかがえます。周囲の子から距離を置かれた「特定の子」は、「仲間はずれにされた」「無視された」と捉えて、いじめ被害を受けたと感じる可能性があります。また、「『「特定の子」にトラブルを起こしてほしくない』と思っている」「『「特定の子」が他の子に迷惑をかけている』と思っている」

の割合も小学校・中学校では高くなっており、このことから周囲の子が特定の子のことを「迷惑をかけるトラブルメーカー」と捉えている可能性が示唆されます。言うなれば、「特定の子の方こそ加害者」「自分たちの方が被害者」と周囲の子たちが捉えている可能性があります。

## 3　被害と加害のあいだで起こっていること

　2の（2）で見られたような、「特定の子」の衝動性の高さや落ち着きのなさによるトラブルに対して、周囲の子たちは被害感を抱き、巻き込まれないように距離を置いたり、強く注意・叱責したり、ときにはからかいの対象としたりすることがあるようです。一方の「特定の子」は、このような被害を受けて傷つく、という連鎖が、通常学級内で発生していることが想定されます。「特定の子」も、周囲の子たちも、どちらも被害感を抱いており、またその被害感によって次のトラブル（加害）が発生していくという悪循環に陥っているといえます。ただし、ここで筆者が主張したいことは、「発達障がい（ADHD）だからいじめられる」とか「ADHDの子はいじめ加害者になる」という、「特定の子」の側だけに一方的にいじめ発生の要因を帰属するのは適切ではない、ということです。いじめの加害と被害の立場は、タイミングによってその都度変わり得るものですし、見方によって正反対にもなり得るものです。ですから、どちらか一方の側を「加害者」とか「被害者」とかの固定的な立場に同定するのではなく、いじめという現象をもっとダイナミック（動的）なプロセスとして捉えたいのです。この「いじめ」というプロセスの発生時に、特に「ADHDのような行動特性」がフックとして働いており、そのプロセスに巻き込まれていく者の間で「加害⇔被害」のカップリングが成立し、いじめという不幸な現象が連鎖していく、というふうに筆者は捉えています。

## 4　教員・学校のできること
## ──インクルーシブ学級経営・学校経営

　上記の調査結果を基に、平成28・29年度の宮城教育大学BPプロジェクト

では、通常学級に在籍する発達障がい児の学校・学級適応を目指す実践例を収集する調査を実施しました。これは、各学校の特別支援教育コーディネーターを務める教員や、学級担任教諭など、複数名の現職教員を対象に、発達障がいのある児童生徒の学校・学級適応を実現するために日々の指導においてどのような工夫をしているかをインタビュー調査したものです。以下に、語られた工夫の要点を挙げてみます。

### ・小学校低学年から積み重ねる学級づくり

　周囲の児童生徒たちが、発達障がいのある子のことを理解し、適切な関わり方ができるようになるためには、小学校低学年の頃からの働きかけが欠かせません。小学校低学年の児童たちは、障がいへの偏見や差別意識がまだ少なく、むしろ困っている子を助けてあげたいと考える児童の方が多いといえます。こうした児童たちに対して、発達障がいのある子がさまざまな困難さを抱えていて困っており、一見すると不適切に見えるような行動も実はその子なりの解決努力であったりすることを説明し理解してもらえると、それ以降は進んでサポートしてくれたり、少なくとも不適切な関わりを止めてくれることが期待できます。

### ・行動モデルとしての学級担任教諭

　上記のような、発達障がいのある子のサポートの仕方や関わり方を模範として示すのは学級担任教諭の役割です。発達障がいのある子に、学級担任教諭が穏やかに話しかけたり、シンプルな声がけを心がけたり、また適切な行動を褒めたりしている姿を周囲の子どもたちも見ていますので、その子たちも教員と同じように振る舞うようになることが期待できます。逆に、教員が不適切な関わりをしてしまうと、それを見ていた周囲の子どもたちも同じように不適切な関わり方をするようになってしまいます。このように、教員が悪い見本となって、発達障がいのある子へのいじめを誘発してしまうようなことは絶対に避けなければなりません。

### ・学校生活や課外活動のユニバーサルデザイン

　国語や算数など、各教科の教授法にはユニバーサルデザインを取り入れた工夫が導入されるようになってきましたが、例えば休み時間や給食時間、掃除の時間やホームルームなどの学校生活場面や課外活動におけるユニバーサルデザ

インは見過ごされがちです。しかし、そもそもいじめはこうした生活時間に発生しやすいものですので、こうした時間帯におけるトラブル予防が大切です。具体的には、掃除の時間における作業の手順をポスターなどで視覚的に明示しておくことや、掃除の方法を学年・校種で共通にしておくことで、発達障がいのある子も作業に取り組みやすくなります。

**・教員間における特別支援教育の視点共有**

　校内の教職員間で、各種の障がいや特別支援教育、インクルーシブ教育やノーマライゼーションの考え方を共有しておくことで、発達障がいのある子だけではなく、多様な児童生徒への対応において足並みをそろえて取り組むことが可能になります。特に、特別支援教育の理念には、障がいの有無に関係なく一人ひとりの子どもの特性に合わせて適切な教育を提供するという、個別最適化の思想が従来から当たり前に含まれていました。この考え方は、特別支援学校・特別支援学級だけではなく、通常学級も含めた全ての教育現場に共通する考え方です。宮城教育大学では、この思想を「特別支援教育マインド」と呼んで、全ての学生が身につけられるよう教授してきました。現職教員においても、こうした理念は教員研修や会議での情報共有を通じて共有されていくものですが、多忙な学校現場ではこうした共有機会をもつこと自体が非常に困難であることも事実です。校内の特別支援教育コーディネーターの先生が中心となって、年間行事や教育計画に盛り込んでおくなど、戦略的で組織的な取り組みが重要です。

**・通級指導教室の活用**

　校内や近隣の学校に設けられた通級指導教室を活用して、発達障がいのある児童生徒の自立活動やソーシャルスキルトレーニングを行うことができます。通常、通級指導教室での活動は個別あるいは少人数で行われますので、子どもの状態に合わせた個別の手厚い支援が得られ、多くの子どもにとってメリットがあります。発達障がいのある子が、通常学級で過ごす中で溜めたストレスをクールダウンする場にもなります。一方、思春期・青年期に差し掛かる小学校高学年から中学生の子たちは、自分がクラスメイトとは別の教室に通うことについて恥ずかしさや不満を抱くこともあるため、通級指導教室の活用にあたって動機づけの機会を改めて設ける必要があることもあります。

**・周囲の児童生徒の負担・不満への理解と対応**

　発達障がいのある児童生徒に対してさまざまな配慮がなされる一方で、周囲の子たちは放置されたり、ときに我慢を強いられることがあります。また、学力の優れた子や面倒見の良い子が、発達障がいのある子のお世話をする「係」のように扱われることがあります。こうした場合、周囲の子たちに負担がかかって不満が募り、発達障がいのある子への攻撃やいじめにつながってしまうことがあります。ときに、保護者の間でも不満が募り、発達障がいのある子を学級から排除するような動きにつながることもあります。

　そもそも、このような「お世話をする」「される」という偏った関係性が固定化してしまうことは子どもたち双方にとって問題といえます。障がいがあろうがなかろうが、人はお互いに支え合うものという基本的な考え方を、普段から学級の中で共有しておくことが必要です。その上で、発達障がいのある子が学級の中で活躍したり、学校・学級のために貢献したり、学級のムードメーカーとなったり、さまざまな形で学級の一員として認められるような機会を設けて、周囲の子たちに肯定的に受け止めてもらえるように常日頃から努めておくことが大切です。先の調査結果でも見たとおり、発達障がいのある子を「トラブルメーカー」「迷惑」「いじめっ子」と捉える認識が学級内に広まってしまうことを避けるために、意識的な取り組みが必要です。

## 5　安心・安全な学級を目指して──p4c を用いた学級経営

　どの子にとっても学級が安心・安全な場となるために、構成的グループエンカウンターやソーシャルスキルトレーニングなど、さまざまな技法が開発され、学級経営の手法として活用されています。しかし、こうした手法を導入するにあたっては、授業時間以外にも時間を確保する必要性がネックとなることが多いようです。こうしたときにお勧めなのが、p4c（philosophy for children；子どもの哲学／探究の対話）です。p4c は、哲学教育を目的としてマシュー・リップマンが開発した教育手法です。p4c では、参加者は円座になって座り、自分たちで選んだ「問い」について対話を行います。p4c による対話は、道徳

や国語といった言語活動が多い教科の他にも、理科や算数・数学、社会科、保健体育や家庭科など、さまざまな教科の中で活用されています。まさに「主体的・対話的で深い学び」そのものですし、教科教育の中に導入できますので、授業時間以外に時間を確保する必要がありません。

　p4c は全世界に広まっていますが、特にハワイではトーマス・ジャクソンによりハワイスタイルの p4c が開発されました。その特徴は、コミュニティ・ボールと呼ばれる毛糸玉を用いることや、子どもの抱く wonder（「不思議だな、なんでだろう？」という気持ち）を大切にすることに加えて、知的安全性（intellectual safety）を重要視することが挙げられます。知的安全性とは、コミュニティ・ボールを持っている人に発言権があること（他の参加者はコミュニティ・ボールを持っている人の話を聞くこと）、p4c のコミュニティの中では参加者を傷つける言動は禁止されていること、コミュニティ・ボールが回ってきても話をしたくないときにはパスしてもよいこと、といったルールによって、安心・安全に知的探究に取り組むことが保障されているということです。

　ハワイ・オアフ島の小・中・高校で行われている p4c は、東日本大震災をきっかけに宮城県の学校に紹介されました。震災後、復興支援の一環でハワイの教員たちが宮城県内の学校を訪問した際に、p4c を実際にデモンストレーションしてくれたのです。そこから宮城県内の学校での p4c 実践が始まり、研修や研究の拠点として宮城教育大学に上廣倫理教育アカデミーが設置され、さまざまな研修会やシンポジウムなどの機会を通じて県内・県外にこの手法が広まりつつあります。

　筆者も各校の p4c に参加したり、p4c を実践する教員にインタビュー調査を行ったりしていますが、発達障がいのある子が p4c に喜んで参加したり、あるいは普段ほとんど話をしない子が p4c では自分の考えを話すのを聞いて教員が驚いたり、不登校の子が p4c のある日には登校したり、といったエピソードをいくつも聞いています。コミュニティ・ボールという視覚的手がかりが、誰にとってもわかりやすく発言権を示すユニバーサル・デザインになっていることや、参加者の安心・安全を重要視する知的安全性が共有されていること、正しい答えを明らかにするのではなく多様でユニークな発想が許される場であることなど、p4c に内包されるさまざまな要素が、発達障がいのある子だけで

はなく誰にとっても安心・安全な対話の場を作ることに貢献しているのだと思います。学校・学級でみんなと一緒に対話したり考えたりすることが単純に「楽しい」ということが、最高の学級経営なのではないでしょうか。

## 6　いじめ被害や加害を超えて──まとめに代えて

　いじめという現象は複雑で、被害者・加害者という立場も瞬時に入れ替わったり、見方によっては逆転したりもします。いじめのこうした特徴は「いじめの羅生門的現実」と呼ばれます（本間，2008）。いじめ事案の指導において事実把握は重要ですが、そもそも何が事実なのかを同定すること自体が困難です。そうしますと、いじめが発生した後に対応する「消極的生徒指導」よりも、いじめが起きないように、あるいは起きても早期に解決できるよう予防に取り組む「積極的生徒指導」の発想の方が有益といえます。そしてこの取り組みは、学級担任教諭が学級単位で行うもの、つまりは学級経営が中心になります。

　本章では発達障がいのある子が通常学級で他の子たちと共に学ぶための工夫について見てきましたが、これは「他者と共同で学ぶ」という学校の存在意義と直結するものです。オンライン学習が普及し、改めて学校・学級や教員の存在意義が問われる今だからこそ、多様な他者と交流しながら学ぶことの意義を考えることが求められています。インクルーシブ学級経営が全ての子どもたちにもたらす豊かな学びが、その答えになると筆者は確信しています。

文献

本間知巳（2008）．いじめ臨床─歪んだ関係にどう立ち向かうか．ナカニシヤ出版．
久保順也（2017）．宮城教育大学「特別支援教育といじめ」．BPプロジェクト事務局編　いじめ防止支援プロジェクト（BPプロジェクト）事業成果報告書．pp. 5-10.
豊田光世（2020）．p4cの授業デザイン─共に考える探究と対話の時間のつくり方．明治図書．

# 発達障がいのある子どもの
# いじめ予防の
# 援助要請の促進

## 1　援助要請の心理

　相談する心理（相談することに関わる考え、気持ち、行動など）は心理学では「援助要請（help-seeking）」と呼ばれます。援助要請研究では相談の難しさを「相談しない」「相談しすぎる」「相談がうまくない」と捉え、相談しない心理状態はさらに大きく3つに分類されます（本田，2015）。

　「困っていない」から相談しない心理状態とは、自らの置かれた問題状況に「困っている」という認識が乏しいために相談しない状態です。その理由として、適切な知識がないために今の状況が問題だという認識をもてないことや（知識不足）、周囲の人からは大変な状況に思えても本人は慣れてしまい問題と感じないこと（辛さが当たり前になっている）などが考えられます。また、自分なりに問題を認識して対処し「解決できている」と思っていても、周囲の人（保護者や教師など）にはその対処方法が不十分・不適切に見える場合があります。この場合の理由として、自身の対処方法の結果の良い側面しか認識していない可能性があります。

　「助けてほしいと思わない」から相談しない心理状態とは，自分なりに困って対処して「上手くいかない」と感じつつも誰にも相談しようと思わない心理状態です。この背景には、相談したいと思うほどの時間的な余裕・ゆとりがない、相談したいと思えないほど心理的・身体的に疲れている、過去に相談して嫌だった経験（「相談して傷ついた」）を多く重ねたことなどが考えられます。

　「『助けて』と言えない」心理状態とは，「誰かに相談したい」という強い思いがある一方で実際の行動に結びついていない状態です。この背景には、相談に対する期待感（相談すると生じると予想される良いこと）よりも抵抗感（心配

なこと、悪い予想）の方が高いことが挙げられます。「相談したいけどできない（ためらう）」状態と言えます。

　これらの背景によって「困っているように見えても、自分から相談しない」という点では共通しつつも、実際の子どもの様子はかなり異なってきます。自ら相談しない対象者の心理状態を丁寧にアセスメントし、心理状態を見定め、背景に応じた援助を行います（図 6-1）。

## 2　いじめの援助要請

　いじめ被害の相談（援助要請）の実態について，文部科学省（2021）の調査より、いじめ被害時に「誰にも相談しなかった」子どもは小学校 4.7％、中学校 4.9％、高等学校 8.3％、特別支援学校では 10.3％ であり、いじめ被害という深刻な状況であっても相談しない（できない）子どもたちがいることが明らかになりました。特に特別支援学校での割合が高いようです。

　いじめに関する援助要請の心理を例示します。盗撮された嫌な写真や動画を SNS で流されたが、そのことをまだ知らない事例は「困っていない」から相談しない心理状態です。また、過去に（家族や先生に）相談したときに「あなたが悪い」と何度も叱られたため、今のいじめ被害は辛いが相談しようと思わない事例は「助けてほしいと思わない」から相談しない心理状態です。そして、「『助けて』と言えない」から相談しない心理状態のときには、「相談してもどうせ解決しない」「いじめられていると知られたら、周りの人が普通に接してくれなくなる」などの抵抗感が強い場合が考えられます。

## 3　発達障がいと援助要請

　発達障がいのある子どもの援助要請の実態について，小学校の情緒障害等通級指導教室及び特別支援教室の教師 196 名の回答から、担当または担任する児童 5,070 名を分類してもらうと、「ほぼ援助要請できる」児童は 1,880 名（37.0％）、「ときどき援助要請できる」児童は 2,137 名（42.1％）、「全く援助要請できない」児童は 1,053 名（20.8％）という割合でした（杉岡，2021）。別の調査

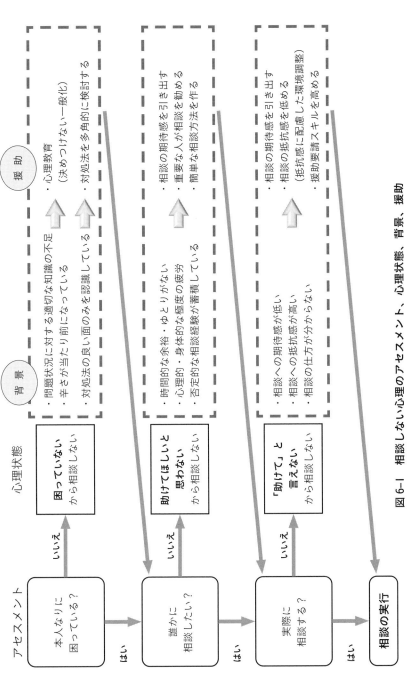

**図 6-1　相談しない心理のアセスメント、心理状態、背景、援助**

出典：本田真大（2015）．援助要請のカウンセリング「助けて」と言えない子どもと親への援助．金子書房．を基に作成．

では発達障がいに限定せずに、学級内の特別な支援を必要とする児童生徒の担任教師に尋ねています。その結果、「援助要請できない・しない」児童は51%（382名中166名）、生徒は54%（184名中99名）と約半数でした。教師から見た援助要請できない・しない理由には、児童の場合には「援助の求め方が分からない（技術不足）」（47.0%）が最も多く、「自分は困っていると分からない（理解力不足）」（41.6%）、「自分は困っていると言いたくない（こだわり）」（31.9%）と続きます。中学生の場合には技術不足（50.5%）、理解力不足（48.4%）に続いて「困っているが恥ずかしさがあって手助けを求められない（恥ずかしさ）」（25.0%）が多かったです（杉岡，2021）。この調査結果からは、小中学生ともに援助要請のつまずきとして技術不足と理解力不足が大きいことが読み取れます。

　具体的な様子として12歳10か月から16歳1か月の自閉スペクトラム症（以下、ASD）の子ども11名の授業時の援助要請行動を観察した研究から、道具的援助要請（「長さの測り方が分からないのにどうやって解くの？」（解き方関連），「"purple the rage" ってどういう意味？」）（単語・表現・概念の定義や単語の綴り関連）、過剰な援助要請（「この問題の答えは？」）、確認的援助要請（「上手くできてる？」「もうやってもいいの？」）、組織化・目標・関心関連援助要請（「この課題終わったら何するの？」（課題関連）、「見やすいように、映像を大きく、音を小さくして？」（学習状況関連））、不明瞭な援助要請（「この課題できなそう」「この課題、嫌だ」）の5種類がありました。道具的、組織化・目標・関心関連、不明瞭な援助要請時にはその前や同時に非言語行動のサインを表出し、過剰または確認的援助要請時は非言語行動なしにいきなり援助を求める割合が高く、援助の求め方によって教師の応答も変わるようです（Zorn & Puustinen, 2022）。

　発達障がいのある子どもの援助要請の心理を例示します。「困っていない」から相談しない状態について、発達障がいのある子どもの中には自分が「本当は困っている」ことに気づきにくい子どもがいます（井澤他，2008）。杉岡（2021）の理解力不足という理由はこれに該当します。

　「助けてほしいと思わない」から相談しない心理について、周囲の人の無理解によって、発達障がいのある子どもが相談しても「努力不足だ」「怠けている」などと何度も叱られて、「相談しなければよかった」経験が積み重なる

と、何かに困って解決できなくても「どうせ言っても無駄だ」と相談する前から諦めてしまうでしょう（本田，2019）。「助けて」と言えないから相談しない心理の背景である期待感と抵抗感について、発達障がいのある子どもは対人関係の失敗経験や叱られたり注意されたりする経験、自分の言いたいことをわかってもらえない経験が重なりやすく、抵抗感を高めやすいかもしれません。身近な人への相談の抵抗感には「言ったら叱られる」「自分が悪いと言われる」など被害的な内容があります。専門家への相談の抵抗感として、こだわりの強さや見通しをもてない不安から初めての人や場所を嫌がることがあります。この場合には本人の特性に応じた支援を通して専門機関に連れて行く必要があるでしょう（本田，2019）。また、杉岡（2021）の調査結果にある技術不足には後述する援助要請スキル（本田他，2010）の学習が有効であると思われます。

## 4　発達障がいのある子どものいじめ予防のための援助要請の促進

　創作事例を通していじめの発生や深刻化の予防のための援助要請の促進方法を紹介します。なお、いじめ予防のための集団を対象とした相談しやすい学級づくりの方法は本田（2017，2020）で紹介されています。

### (1)「困っていない」心理へのアプローチ

・事例Ⅰ：いじめ被害の可能性に気づいていない（本田，2017 を一部改変）

　高校 1 年生男子（A）。A には ASD の診断があり、他者の感情の読み取りが苦手であり、場にそぐわない発言もよくあるため、小学校高学年から友達ができず 1 人で過ごしており、中学校ではいじめを受けました。高校進学に際して担任と母親が 1 回会って話し、母親からの希望で担任教師は A を 1 学期の間に 3 回呼び出して面談をしました。A は高校でも仲の良い友達ができず、担任が話を聴いてくれることをとても喜んでいました。夏休み明けに担任と A が面談したとき、A は「友達ができた。楽しい」と話しました。詳しく聞くと夏休み中に同じクラスの男子 2 人（B、C、別の中学校からの進

学）とＡの３人でよく遊び、Ｂたちに「親友だよな」と言われて肩を組まれるのがとても嬉しかったと笑顔で話しました。さらに聞くうちに、夏休み中にＢ、Ｃに頼まれてジュースやゲームを 10,000 円分ほどおごっていたことがわかりました。Ａはおこづかいで払っていましたが、お金が無くなって「もうお金がない」というとそれ以上は要求されず、また「お前は俺たちの大事な仲間だ。今度は俺たちがおごるからな」と笑顔で言われるので信用しています。しかし、Ｂ、Ｃは中学校の頃から非行傾向（気の弱い生徒に万引きを強要する、など）があり、担任はＡの友達として合わないと感じていました。

　「困っていないから相談しない」心理状態では周りの人が日頃から「困ったらいつでも相談してね」と言っても有効でない可能性が高いでしょう。この心理状態に対しては、対象者自身の問題状況を適切に認識する力を高め、「ニーズを引き出す関わり（適切に困るための関わり）」を行います。事例１はいじめ被害の可能性が疑われるものの、生徒本人には被害であるという認識がありません。本人が困っていないからといって教師が何もしなかった結果、万引きや家族の財布からお金を取るように言われて実行する恐れもあります。

**・援助要請の促進方法Ｉ：心理教育**

　対象者が置かれた問題状況と同じ状況を取り上げて、「こういうときはこんな気持ちになる人もいるよ。あなたはどう？」などと聞きます（決めつけない一般化）。事例１で、Ａ自身は「初めての親友ができた」と喜んでいるため、「本当の親友ではない、付き合いをやめなさい」と説得しても納得しづらいでしょう。適切な問題状況の認識を促す（「いじめられているかもしれない」と気づけるようになる）ためには、適切なお金の使い方（おこづかいのルールと管理、普段のお金の使い方など）をしているかどうか聞くことや、友人間での適切なお金の貸し借り方法を教えることなどが必要です。その上で、今の関係を教師は心配していることを伝えます。関連して、家族にＡの金銭管理について聞きます。さらにいじめの発生・深刻化を予測し、万引きするように言われたときの対処方法と、その後に家族や教師に知らせてほしいことを伝える方がよいでしょう。

　この事例ではありませんが、自分なりの問題への対処のまずさに気づかないために「困っていない」場合には、子どもの対処の良い部分を認めつつも他の側面（短期的な結果と長期的な結果、自分への結果と相手への結果、など）では望ましくないことを伝え、子どもの成長・発達上の援助ニーズに応えるためのより良い対処を一緒に考えていきます。

## (2)「助けてほしいと思わない」心理へのアプローチ

・事例２　教師に期待をもてていない（本田，2019を一部改変）
　ASD の診断のある中学２年生の生徒Dは、わからないことや困ったことがあっても先生に相談しません。小学３年生時の担任に「授業中にわからないことがあったら、わからないままにしないで質問してね」と言われたので質問すると、最初は先生も「質問するとみんなもわかるから、みんなが助かるよ」と褒めて丁寧に教えてくれたので、ほぼ毎時間の授業で４、５回と質問しました。すると他児の保護者から担任に「他のクラスより授業の進みが随分遅いようですが、どうしてですか？」と聞かれるようになりました。その後、担任はDに対して「質問もいいけど、もう少し自分で考えようね」「それは、さっき言ったことから考えればわかるでしょ？　よく聞いて考えなさい」と答えるようになったため、Dは手を挙げても先生にあててもらえなくなりました。この経験からDは「質問しても答えてくれない」「先生に聞いても意味がない」と考え、先生には相談したいと思えなくなりました。

　「助けてほしいと思わないから相談しない」子どもには、相談されるのを待つよりも周囲の人から積極的に援助します。ただし、この心理状態にある子どもは周囲からの援助を拒否する（「必要ない」と断る）こともあり、援助要請の心理状態に配慮することが欠かせません。事例２では教師の意図の説明が不十分であり、Dが質問・相談したことで生じた否定的な経験の蓄積が影響したと考えられます。もしDがいじめ被害にあったときに、先生に相談したいと思わないことで被害が深刻化する恐れがあります。カウンセリングや面接（面談）の中でできる援助要請の促進方法には以下のものがあります（本田，2015）。

**・援助要請の促進方法 2 ：相談の期待感を引き出す**

　「今までにこの悩みを他の人に相談してことはある？　どうだった？」など
と、相談してよかった経験を引き出します。しかし、D は「相談しても意味が
ない」ほどに思っているため、まずは「相談するのも悪くない」程度の期待感
を目指します。事例 2 のような場合は過去の肯定的経験を尋ねても「ありませ
ん」と言われることが多いため、「今日、私と話してみてどうだった？」と
「今、ここ」に焦点を当てて尋ねます。対象者に配慮した相談が進められてい
れば悪い意見は出にくいでしょう。言い換えれば、過去に否定的な経験を重ね
ていても「今日の先生との相談は、まあ悪くなかった」と思ってもらい、肯定
的な経験を作るようにします。それが将来の相談の期待感になるでしょう。

**・援助要請の促進方法 3 ：子どもにとって重要な人が相談を勧める**

　計画的行動理論に基づけば（Ajzen, 1991）、対象者の主観的な規範意識、つ
まり、「自分の重要な人は『相談は大切だ』と思っているんだ」と伝わると、
対象者も相談したいと思いやすくなるようです。その方法として、重要な人が
相談を勧めるのがよいでしょう。

**・援助要請の促進方法 4 ：相談すること自体を容易にする**

　本人が「相談して、みようかな……」とふと思ったときに、相談する手続き
が複雑だと「やっぱりやめよう」となってしまうでしょう。相談しようと思え
ばすぐにできるか、相談する際の手続きが簡単かなどを吟味して、簡単ですぐ
にできる相談の仕方（環境面）を整えた後、本人に具体的に伝えます。

　本田（2015）ではこれら 3 つを組み合わせた面接事例を解説しています。こ
れらの方法を行っても、すぐには自ら相談しないことも考えられるため、相談
者の方から「困っていてもいなくても、たまに話を聞かせてほしいから、声を
かけるけどいい？」と了承を取っておく方がよいでしょう。

## (3)「『助けて』と言えない」心理へのアプローチ

**・事例 3 　相談の仕方が分からない**

　中学 2 年生の E は学年上位の成績ですが仲の良い友達がずっとできない
まま過ごしました。前年度にクラスでいじめ被害に遭い、学校の組織的な対

応で解消しています。新年度にEは加害者と別のクラスになったものの、いじめの影響の把握と今後のいじめ被害の予防を目的に、保護者がEとスクールカウンセラー（SC）のカウンセリングを希望しました。SCとEのカウンセリングで、SCが〈今のクラスでもし、1年生のときみたいにクラスの人にしつこく馬鹿にされたり蹴られたりしたら、どうする？〉と聞くと「お母さんに相談します」と言いますが，具体的な方法がわからないようです。

　「『助けて』と言えないから相談しない」心理状態では、対象者に「相談したい」という思い（援助要請の意図）が強くあります。その思いを実現する方向で話し合いやカウンセリングとして、相談の期待感を引き出し抵抗感を低めるように働きかけます。また、発達障がいがある人の援助要請できない理由に技術不足があるように（杉岡，2021）、相談の仕方がわからない（誰に何と言えばよいのかわからない、最初の一言が出てこない）ために、相談できずに時間が過ぎることもあります。事例3の生徒は対処方法の知識として「いじめられたら母親に相談する」と理解しているか、その質問をされときの答え方（パターン）として学習している可能性があります。いずれにしろ実際に相談する行動は起きにくいと思われるため、援助要請スキルの練習が役立ちそうです。

**・援助要請の促進方法2（再掲）：相談の期待感を引き出す**

　事例2で紹介した期待感を引き出す関わりを行います。期待感を高めるためには、過去に相談できた経験を本人の強み（相談できる力がある）として認め、今回の相談を動機づけたり、強みを生かした相談の方法を検討したりします。

**・援助要請の促進方法5：相談の抵抗感を低める**

　抵抗感を減らすには「相談したら、その後どうなりそう？」という聴き方で、語られた心配事が実現しにくい環境を調整したり（抵抗感に配慮した環境両性）、援助要請スキルを使う際にその懸念を率直に伝えたりします。

**・援助要請の促進方法6：援助要請スキルを高める**

　援助要請スキルとは自分が必要な援助を的確に求める能力のことです（本田他，2010）。本田（印刷中）などで扱われている援助要請スキルの構成要素は表6-1の5つです。

## 表 6-1　援助要請スキルの構成要素

| 構成要素 | 説明 |
|---|---|
| スキル 1 :<br>　悩みを整理する | 困り事や悩みごとの全体像を一言で表現する。「今の私の悩みを一言で言うとどうなるか」と考えるのは難しいため、「私の悩みは，勉強？　人間関係？　進路？　体や心の健康？」と一番近いものを選択する。 |
| スキル 2 :<br>　必要な援助（サポート）を検討する | 自分がしてほしいことを「気持ちのサポート」（励ましてほしい、愚痴を聞いてほしいなど）と「物と力のサポート」（具体的な物や場所を貸してほしい、手伝ってほしいなど）から自己理解する。「相談して、どんなことをしてほしい？」と聞いても上手く答えられない場合は、具体的なサポート内容を一覧表にして検討する。 |
| スキル 3 :<br>　良い相談相手を選ぶ | 相談できそうな相手を 3 人挙げ、各自に相談すると良いこと（期待感）と心配なこと（抵抗感）を考える。「悩んだら絶対この人（親友）に相談する」と決めている場合でも 3 人挙げて考える練習をし、悩み事の内容によっては別の相談相手が良い場合があることを伝える。多くの場合、1 人の相手に対して抵抗感と期待感の両方をもっており、この段階で決定した相談相手への期待感は「その人に相談したい理由」としてスキル 4 の中で扱う。 |
| スキル 4 :<br>　相談方法を決める | 直接言う、SNS などと使用する、誰かに代わりに言ってもらうなどの方法から相談方法を決定する。 |
| スキル 5 :<br>　相談内容を伝える | ここまでの流れをつなげて相談の最初の一言を作る。いきなり相談内容を詳しく話すのではなく、「全体像（一言）、してほしいこと、相談したい理由（相談相手への期待感）、相談内容」という言い方をする。 |

・事例 3（続き）

SC :〈そうか。じゃあ、どうやって相談するか、やってみよう。1 年生のときみたいに、馬鹿にされたり蹴られたりしました。お母さんに何と言って相談しますか？　どうぞ〉

生徒：「……できません（苦笑）」

SC :〈おー。できないときにできないって言えて、すごいね！　もう少し教えて。できないのは、私が言ったことがわからなくて難しい？　それと

　も、ここでやるのが恥ずかしい？　それとも、他の理由があるの？〉

生徒：「なんか、お母さんに話すと何個も何個も質問されてわからなくなる
　　　から。それで答えないと怒られるから、本当は言いたくありません」

SC：〈そうか、そういう風になりそうなんだね。じゃあ、どんな言い方で相
　　　談したら、お母さんにたくさん質問されて怒られそう？〉

生徒：「『お母さん、また馬鹿にされて蹴られて、学校に行くのが嫌だ』って
　　　言ったら、そうなります」

SC：〈そうか。ちゃんと困ったことを言えているけど、それじゃあお母さん
　　　にたくさん質問されちゃうんだね。違う言い方を練習しようか？〉

生徒：「はい」

　SC は援助要請スキルの構成要素に沿ったワークシートを用意し、本人と
話し合い、相談時の言い方を「お母さん、学校で嫌なことがあったんだ。思
い出しながら話すからゆっくりになるけど聞いて。お母さんならまた何とか
してくれると思うから、お母さんが聞いて。何があったかと言うと、学校で
また、馬鹿にされたり、蹴られたりしたんだ」と決めました。SC と直接言
う形式でロールプレイで練習した後、本人の了解を得て担任教師を呼んで事
情を説明し、母親役をしてもらいロールプレイを実施しました。担任教師か
らは「こういうふうに最初に言ってもらうと、じっくり聞こうとしますね」
という感想が伝えられ、SC からは非言語面（視線、声の大きさ等）も含めて
良かった点を具体的に伝えました。最後に本人に了解を得て、本日の練習内
容を保護者に伝えました。

## 5　まとめ

　杉岡（2021）の研究から発達障がい傾向のある児童だけでなく、仲間外れ傾
向や不登校傾向のある児童も援助要請が難しい（教師の評価で、それぞれ約半数
が援助要請できない）ようです。つまり、学級内で援助ニーズの高い子どもた
ちが援助要請できない状況に追い込まれていると言えそうです。そこで、援助
要請できないことを「助けて」と言えない個人の責任にせず、「助けて」が届

かない環境（学校など）を変える必要があります。その上で援助要請できない背景を踏まえて個別の子どもへの援助を追加していきます。

　Kasari et al.（2012）の ASD 児 60 名を対象とした研究から、ASD 児本人のみを対象としたソーシャルスキルトレーニングのみでなく、環境要因としての周囲の他児のソーシャルスキルの向上が良好な人間関係の形成・維持に効果的であることがわかりました。援助要請の研究に応用すれば、相談できない発達障がいの子どもを援助要請できるようにする（本人を変えようとする）前（または同時）に、周囲にいる人が当人の困っていることや相談できなさに気づいて助けること（周囲にいる人が変わること）が有効であると思われます。このような学級づくりにより、発達障がいがあるかどうかに関わらず援助要請が苦手な子どもも「『助けて』と言えばクラスの人は優しく助けてくれるだろう」と期待感を高めるでしょう。その結果、自分から「助けて」と言いやすくなると思われます。

　さまざまな困難さを抱える子どもたちのために、今は困っていない子どもたちの相談できる力を一層高めるために、子どもの行動のモデルとなる大人が相談しやすくなるために、全ての子ども・教師・保護者にとって援助要請に優しい学校（help-seeking friendly school）を目指しましょう。

## 文献

Ajzen I.（1991）. The theory of planned behavior. Organizational Behavior and Human Decision Processes, 50, 179-211.

本田真大（2015）. 援助要請のカウンセリング―「助けて」と言えない子どもと親への援助. 金子書房.

本田真大（2017）. いじめに対する援助要請のカウンセリング―「助けて」が言える子ども，「助けて」に気づける援助者になるために. 金子書房.

本田真大（2019）. 神経発達症（発達障害）と援助要請　月刊学校教育相談, 33(12), 48-51.

本田真大（2020）. いじめ予防の心理教育―SNS・ネットいじめと援助要請を中心とした実践. 半田一郎編著　スクールカウンセラーと教師のための「チーム学校」入門. 日本評論社. pp. 109-124.

本田真大（印刷中）. 援助要請の機能性の向上を目標とした行動的介入法の予備的研究. 学校心理学研究.

本田真大・新井邦二郎・石隈利紀（2010）. 援助要請スキル尺度の作成. 学校心理学研究,

　　10，33-40.

井澤信三・霜田浩信・小島道生・細川かおり・橋本創一（2008）．ちゃんと人とつきあいた
　　い—発達障害や人間関係に悩む人のためのソーシャルスキル・トレーニング．エンパワ
　　メント研究所．

Kasari, C. Rotheram-Fuller, E., Locke, J., & Gulsrud, A.（2012）. Making the connection:
　　Randomized controlled trial of social skills at school for children with autism spectrum
　　disorders. Journal of Child Psychology and Psychiatry, 53, 431-439.

文部科学省（2021）．令和 2 年度児童生徒の問題行動・不登校等生徒指導上の諸課題に関す
　　る調査結果について．Retrieved from https://www.mext.go.jp/content/20211007-mxt_
　　jidou01-100002753_1.pdf（2021 年 12 月 2 日閲覧）

杉岡千宏（2021）．特別な支援が必要な児童における援助要請・提供行動に関する教育臨床
　　学的検討—援助要請スキルのアセスメントと支援・指導のコンサルテーション—．東京
　　学芸大学大学院連合学校教育学研究科博士論文．

Zorn, S., & Puustinen, M.（2022）. Seeking academic help: The case of lower secondary stu-
　　dents with autism spectrum disorder and their teachers. Learning and Instruction, 80,
　　1-11.

# 女の子のグループ活動からみる いじめ予防

## 1　はじめに

　発達障がいのある子に対するいじめが現実に起こっています（谷口，2013）。ここでは、発達障がいのある特に女の子（女性も含むがここでは女の子と表記する）のいじめの発生予防について考えます。その予防の1つとして、女の子向けのグループ活動がその役割を果たすかもしれない可能性について検討します。

## 2　発達障がいのある女の子がいじめられる、いじめること

　発達障がいのある子の"いじめ"と聞くと、いじめられる立場のことを想像されることが多いかもしれませんが（日本学校保健会ホームページ）、いじめる（伊瀬，2022）という場合もあるでしょう（発達障がいのある子の場合は、意図せず結果的にいじめたことになっているかもしれません）。いじめの定義や説明については他の章の解説に任せますが、ここではいじめられないため、いじめてしまわないための両面における予防について考えます。

　いじめの要件として、同一集団への帰属、力関係の差異、加害行為、被害の発生があるとされています（全国青少年相談研究集，2007）。同じ集団に属しているということでは、同じ学校や学級、何かしらのグループなどに属していることで、発達障がいのある女の子のいじめもそういった場で発生します。力の差については、発達障がいのある子の場合は受動的でおとなしいと思われるタイプ、積極的に関わりをもちたいタイプなどが関係するかもしれません。言語・非言語で心理的や暴力などで身体的影響を与えるなどの行為が加害とさ

れ、いじめということになるでしょう。

　また学校で子どもたちは、ガールズトークやスクールカーストなどというこの時期独特の暗黙の関係の中で生活しています。このような関係の中でうまく立ち居振る舞いができないと、お互いが精神的に成長途中ということも関係して、いじめというトラブルに巻き込まれてしまうことも考えられます。

## (1) 発達障がいのある女の子がいじめられるとしたら、その理由は何でしょうか

　発達段階による違いはあるでしょうが、思春期といわれる児童期や青年期は、同年代による集団での活動が主となり、周囲の友達と同じでありたいと思う気持ちが一層強くなり、周りと比較することが多くなる時期です（ニューマン・ニューマン，1988）。そのようなときには同一集団への帰属が強くなり、自分とは違うものに対しての抵抗や排除がみられるものです。発達障がいの特性がある子は自分のことを相手に伝えたり、また相手の気持ちを読み取ったりすることが苦手で、友達同士でスムーズで臨機応変なコミュニケーションができないことがあります。また本人独自の関心事やこだわりで、周囲の多くの子たちとは違った趣味や興味をもっていることもあります。同一集団への帰属が強い環境の中で、周囲の多くの子は難なくできるのに、発達障がいの特性のある子だけはうまくできず（もしくは他の子はできないのにできてしまう）に目立ってしまうこともあるかもしれません。そうなると集団の中では浮いている存在としてみられ、異質な子として出る杭は打たれる的（まと）となり（宮尾，2016：宮尾，2017）、受動的なタイプであれば一方的にいじめられやすくなるでしょう。

## (2) 発達障がいのある女の子がいじめるとしたら、その理由は何でしょうか

　発達障がいの特性で相手の立場や気持ちを適切に読み取ることができなかったり、気持ちのコントロールができずに、他者に対して一方的に相手を傷つけてしまう言葉を発したり、衝動的に暴力や攻撃と誤解されることをしてしまうかもしれません。意図的に相手をいじめようとしていなくても、相手がどう捉

えるかによって結果的に他者をいじめていると判断されることもあるでしょう。また注意欠如・多動症はその特性によって、他者に対して侵襲的な言動を与えてしまうかもしれません。また注意欠如・多動症は男女差があると言われていますが、素行障がい・行為障がい・反抗挑戦性障がいとも関連しているとされていますので（MSD マニュアル）、行動面での課題や問題が指摘されることもあります。このように発達障がいの特性によって、周囲から相手をいじめていると捉えられてしまうのです。

## (3) 発達障がいのある女の子が体験したいじめには どのようなものがあるでしょうか

　発達障がいのある女性が記した自叙伝に、自身のいじめ体験が綴られているものを多く目にします。保護者（父親・母親）から（虐待というのかもしれませんが）、クラスメイトから、ときには担任の先生からのいじめを受けることもあります。大人になってからは、同僚、パートナー（これは DV でしょうか）などからのいじめもみられます。

　森口奈緒美は自伝の "いじめ" という項目で、クラスメイトからの度重なるイタズラに脳天に来た、として、心の中で私を助けてくれと叫んでいたと記しています。しかもそのイタズラは授業以外で行われて、追いかけられたりしてパニックを起こす森口が目立つため、先生からの森口の評価は悪く「我慢しなさい」と言われてしまいます（森口，2004）。天咲心良は自伝的小説で、小学 1 年生の担任から強く当たられ、厳しい言葉も投げかけられていました。そして担任の先生にターゲットにされたことで、クラスの子からもいじめの標的にされたのだそうです（天咲，2017）。

　自叙伝を読むと、彼女たちは自分がいじめられている状況が細かく描写されていて、その様子を俯瞰的に見ているかのように書かれています。彼女たち以外のいくつかの自叙伝にもいじめられることが取り上げられていて、発達障がいの特性のある子がいじめを受けることが多いことがうかがわれます。

## (4) いじめられることでどのような影響があるでしょうか

　ニュースなどでも報道されることがありますが、いじめの結果、最悪の場合

自死に至ることがあり、もちろんこのような事態は避けなければいけません。それに至らずともうつなど心身に問題が起きたり、ひきこもりや不登校、問題行動などを起こすこともあります。いじめられてポジティブな状態になることはほとんどなく、ネガティブな状態になることは多くの場合避けられません。

　先の自叙伝では多くが被害者（いじめられる）の立場ですが、本人はなぜいじめられるのか理由の理解が難しく、懸命に抗ってもうまく対応できず、二次障害のような状況に陥る様子も描かれています。森口は仲間からの孤立、元気がなくなる、体調の変化（高熱を出している）などが起きたことを記しており（森口，2004）、天咲は学校では気持ちがしほみ重くなり、授業にも集中できず、ストレスやいら立ちから精神的にも不安定となり、死ぬという言葉さえよぎっていました（天咲，2017）。発達障がいの特性の1つである人間関係の構築が苦手だということは、人間関係のトラブルであるともいえるいじめに巻き込まれることが少なくないでしょう。しかしいじめのようなネガティブな体験は、その後のその子の人生にも大きな影響を与えることになりますので、発生しないように予防に目を向けることが必要です。

## 3　いじめ予防の1つとしての"女の子向けグループ活動"

　筆者がNPO法人アスペ・エルデの会で実施している発達障がいのある女の子・女性向けのグループ活動の具体的内容を紹介します（川上・木谷，2019）。グループ活動を行う際に、いじめ予防を目的にしたプログラムを計画・実施しているわけではないことを最初にお断りしておきます。あくまでも副次的な効果として、いじめ予防につながるのではないかと考えます。

### (1) 女の子・女性向けのグループ活動の概要

　グループは、目的別に分けて2種類あります。1つは学びを目的にしたプログラムグループで、NPO法人アスペ・エルデの会が発行しているサポートブックを用いて実施するもので、1）学童期〜思春期対象と、2）思春期以降対象を想定しています。もう1つは活動内容を自由に構成する3）フリーグループです。

それぞれの詳細を示し、さらにいじめ防止につながる観点を追記します。

### 1）学童期〜思春期対象プログラム

サポートブック「女の子用ワークブック　おとなになる女の子たちへ」（図 7-1）を用います（NPO 法人アスペ・エルデの会, 2008）。このサポートブックは以下に示す項目から構成されており、目的や対象者に応じて進め方を検討します。

**図 7-1　サポートブック「おとなになる女の子たちへ」**

〈わたしの紹介〉

自身の似顔絵を描いたり、自分が考える性格や好きなことを書いたりします。自分で自分のことを書き込むことは、自己理解につながる作業でしょう。何を書いていいかわからない、恥ずかしいから書けないなど、記入することが難しい子がいる場合は、その子のペースでゆっくり進めていただくとよいでしょう。

記入した内容をグループ内で共有することもありますが、人前で話すのが苦手な子はこのシートを見ながら話すように促します。発表したくない子もいるので、うまくフォローして強要しないことも大切です。

いじめ予防の観点では、自分や他者（友人やクラスメイト）には良いところ、苦手なところがありそれを受け入れることが大切だということを伝えるようにします。そして良いところ、苦手なところがあるからといって、その人の良

い・悪いの判断（評価）にはなりませんし、ましてや良い・悪いに対して自分が落ち込む必要もないですし、他人に対して攻撃する根拠にしてはいけないことを伝えることが重要です。

〈わたしのからだ〉

女子の身体の名称や機能についての理解、適切な下着の着用の理解、その年頃に好ましい服装とは何かの理解、プライベートゾーンとは何かの理解、月経の手当の方法について学びます。身体の名称を記憶・理解できていない子や、適切な下着の着用について知識では理解していても、実際にはできていない子などさまざまいます。実際の下着や月経用品を見せたり触ってもらったりすると、さらにイメージがわくでしょう。学校で既に習っていて月経の起こり方や手当ての方法など知っている子もいますが、実物を用いてやってみるとパッド（ナプキン）をクシャクシャにしてしまうなど扱いに慣れていなかったり、手先の不器用さからうまく月経用品が扱えない子もいることがわかります。ちょっとしたことが学校生活上でのつまずきにつながることも考えられますので、支援者と一緒にやってみるとよいでしょう。また「いつのタイミングでパッドを取り替えたらいいかわからない」というのが、比較的よく聞かれる悩みです。このようなことを含め家庭で適切にサポートできていれば問題ないのですが、保護者（母親）にとっても月経について、いつ・誰が・どう伝えるか悩ましいことであるようですので、異性の保護者や支援者であればなおさらでしょう。性の話題は裏でこっそりと教えることが多いでしょうが、特別なことではなく誰にでもあることだという共通認識をもって、裏や陰の話題（隠した方がいいこと）ではないというメッセージを伝える意味でも、（もちろん大っぴらにする必要はありませんが）大切な情報として学ぶ機会をもつことは必要だと考えます。

いじめ予防の観点でいえば、いじめは性の話題とも関連することもあるでしょうから、まずは正しい知識をもつことは大切だと考えます。またいじめは裏や陰（インターネット上も含む）でこっそりとわからないようにするもので、知られたくないことは陰で行えばいいということではありません。性の情報は裏でこっそりと伝えるものではなく（もちろん内容や場面に応じて）、オープンにニュートラルに語れる場をもつことは、お互いの関係の風通しを良くするこ

とであり、婉曲的にいじめ予防につながることではないかと考えます。

〈じぶんをまもる〉

　自分が怖いと思う場面に遭遇したときの対処方法を、事前に学ぶワークです。怖いとか、イヤだとか感じることについては、人によって感じ方や閾値が異なるものなので、一般的にはこうだということを学んでもらう機会でもあります。"怖い・イヤだと思うとき"の断り方は、これはいじめや（性）犯罪予防にもつながる重要なスキルであると考えます。先にも書きましたが単に「怖い場面」や「イヤな場面」と言っても、その子によってもその場面が異なることもありますし、またそういった場面が想像できない子もいます。そのため知らず知らずのうちにいじめや犯罪に巻き込まれている、ということもあります。「○○は、イヤなこと・怖いことだ」などとただ嫌悪感や恐怖心を植え付けるのではなく、断るというスキルを学ぶことが重要です。いじめ予防でいえば、曖昧な返答は相手に誤解されることもあり、その結果トラブルに発展することもないわけではありません。そもそも断り方を知らない子もいるので、コミュニケーションの1つのスキルとして習得しておくのは重要なことだと考えます。ただ発達障がいのある子で、相手に嫌われたくないから Yes と言って受け入れてしまうことや、家庭などで承認欲求が満たされず、自分を受け入れてくれる人とつながろうとする子もいて、その結果良くない関係を構築してしまっていることもあるので、本人の想いに耳を傾けることも必要でしょう。

**2) 思春期以降対象のプログラム**

　サポートブック「すてきな大人計画！」（図7-2）を用います（NPO 法人アスペ・エルデの会，2018）。このサポートブックは思春期以降からおとな（成人）を対象としていて、以下に示す項目から構成されています。

〈おとなバージョンにステップアップ〉

　年齢ともに変化する人間関係と、年齢や立場にふさわしい付き合い方について学びます。基本的な人間関係を視覚的（人間関係を絵で表す）に学んだ後に、対異性、社会生活、会社などの場面に応じたふさわしいとされる振る舞いを考えます。言語化されない人間関係を理解するのはとても難しく、発達障がいのある人たちがつまずきやすい、トラブルを起こしやすい（巻き込まれやすい）点です。例えばわれわれは「友達」と言ってもさまざまな関係の友達がいて、

**図 7-2　サポートブック「すてきな大人計画！」**

相手によって「友達」との付き合い方を変えているはずです。深刻な悩みを相談する相手、趣味仲間、飲み友、年賀状だけのやりとりをしている相手でも同じ「友達」という名称を使っています。しかし発達障がいのある人の中には「友達」を同じ捉え方をして、誰もが同じ関係であり、誰に対しても同じ対応をしなければいけないと考えている人がいます。そのことで意図せず相手にイヤな思いをさせてしまったり、悪意のある相手から騙されてしまったりということも考えられます。

　いじめ予防でいえば、人間関係を適切に把握することは相手とどのように関わったらよいか検討できることでもあるでしょう。相手との関係によって、してもよいこと、してはいけないことが決まってくることを知ることが重要です。

　〈場面にふさわしい身だしなみ〉

　身だしなみに関する、清潔・不潔について，場面にふさわしい服装（TPOを考える）について考えます。お化粧やおしゃれの仕方についても学び、周囲の人たちが不快に感じないような「ほどほど」のメイクやおしゃれを学びます。

　いじめ予防でいえば、不潔であることなどは、他人の噂や話題になるきっかけになることがあります。身だしなみは当たり前すぎて意識することすら忘れ

ていることもありますが、対人関係構築の基本で、清潔にしておくに越したことはありません。趣味や個性を楽しめる範囲での、清潔・不潔やおしゃれについても考えるきっかけが提供できるとよいでしょう。

〈「自分」はどんな人？〉

　身体面の自己理解（セルフモニタリング）と、体調が精神面（気持ち）へ影響することやその対処方法について学ぶワークです。自分の体調管理が苦手な人も多くみられ、どのように体調変化に気づき管理していくかも考えることが重要です。特に女性は、月経周期に伴って定期的に心身が大きく変化することもあり、月経前後でのイライラで相手との関係が悪くなることも考えられます。そのようなトラブルを未然に防ぐためにも、セルフモニタリングと対処方法を学ぶことはとても重要です。

　いじめ予防としては、気がつかないまま相手を攻撃してしまうことは、イライラした気分から起こることもあります。そのため、身体面と気持ちの面のセルフモニタリングができ、可能な範囲でコントロールできることが望まれます。

〈大人バージョンへのガイド〉

　大人になって必要になるかもしれない、嗜好品（お酒やタバコ）、お金、インターネットなどの利用法を学びます。大人になれば自分で対応しなければいけないことが想像以上に多くあり、ときには詐欺などの犯罪に巻き込まれないわけではありません。トラブル予防の知識として、お金やインターネットの使い方を知っておくことは重要です。特に SNS を含むインターネット上での人間関係では、情報が限られているためリアルな人間関係以上に難しいものです。発達障がいの特性がなくてもトラブルになることはありますので、リテラシーを学ぶ機会は貴重かつ必要です。

## 3) フリーグループプログラム

　次にフリーグループの詳細を示します。活動当初から対面での活動がメインでしたが、近年の社会状況によりオンラインでの活動も行っています。具体的な活動内容については表 7-1 に示します。

　本人の希望で参加しますので、そのときどきによって誰が集まるかわからないことがあります。しかし、活動には近況報告の時間を設けコミュニケーショ

表 7-1　フリーグループの活動内容

| 活動名 | 内容 | 実施形式 |
|---|---|---|
| たこパ！ | 材料を買い出しに行くところから始めました。ホットプレートでたこ焼きを作って食べました。 | 対面 |
| おしゃべりを楽しもう | 近所のケーキ屋さんにケーキを買いに行き、ティータイムを開いておしゃべりを楽しみました。 | 対面 |
| 自分の好きな小物作り | 自分が作りたい小物の材料を持ち寄って、作成しました。特に作りたいものがない人は、支援者が材料を準備した中から作品を作りました。 | 対面 |
| リラックスを見つけよう | 自分のリラックス方法を紹介し合いました。また、自分の好きな匂いのアロマオイルで、アロマスプレーも作りました。 | 対面 |
| 自分に似合うおしゃれを見つけよう | 講師に美容師さんを招き、参加者は自分のお化粧や髪形にかんするおしゃれの悩みを話して、それぞれアドバイスをもらいました。また、実際にヘアアレンジをしてもらうなどの体験もしました。 | 対面 |
| ヨーガでリラックス！ | ヨーガの先生を招き、ヨーガや呼吸法を教えてもらいました。母親にも参加してもらい、ゆっくりした時間を過ごしました。 | 対面 |
| 浴衣（ゆかた）を着てみよう | 参加者には浴衣を持ってきてもらい、着付けの先生の指導のもとで浴衣を着る体験をしました。なお、この活動は吃音のある女の子のグループと共同開催しました。 | 対面 |
| ランチ会 | レストランでランチ会を行いました。 | 対面 |
| オンラインで交流会 | 最近の過ごし方や、趣味の話題で交流しました。大学生がオンライン授業で困っていること、工夫していることなどを交流しました。 | オンライン |

ンをとる時間を大切にしています。最近困っていることが挙がれば、適宜相談に乗ることもあります。余暇支援の色合いが濃いのですが、仲間とつながりが保て、ライフワークバランスが取れれば、自己肯定感なども保たれるのではないかと期待しています。

## (2) プログラムグループの運営のポイント

プログラムを計画・実施する際の注意点として、以下にいくつか提示しま

す。

・参加者の決定

　発達障がいのある女の子・女性は、複数の子がいるとよいのですが少人数で設定します。しかも支援者の確保などの支援体制がとれる人数を設定し、無理に多くの参加者を集めないようにします。できれば年齢、ニーズ、理解度がそろっている方が進めやすいでしょう。

・支援者の依頼

　司会者（企画者）以外に、複数の（できれば女性）支援者を依頼し配置します。参加者についてよく知っている支援者であればなおよいのですが、発達障がいの特性を理解している支援者ならおおむね大丈夫でしょう。事前に参加者の情報共有や進め方の打ち合わせをしておくことが重要です。

・プログラム内容の検討

　参加者のニーズや理解度、活動への参加度に合わせ、内容や難易度、進行方法を調整します。実施中に変更しなければいけないこともあるので、自由度をもたせておくことがポイントです。

・時間の設定

　活動によって時間は異なりますが、集中して作業するのは長くても１時間程度で終了するようにします。オンラインの場合は気がつかないうちに疲労が蓄積しやすいので、途中で休憩時間を取り、リラックスできるような場を作ることを心がけましょう。

・保護者の参加

　保護者がプログラム見学できると、家庭に戻ってから学んだことを踏まえて支援してもらえることが期待できます。ただし同席してほしくないと思う女の子もいるので事前に確認しておくとよいでしょう。大人になれば保護者の同席が必要ない場合もあるので、プログラム終了後に支援者がペースメーカーになれるよう、本人に定期的にサポートやフォローすることも検討します。

## 4　"女の子向けグループ活動"の効果として考えられること

　3で紹介したグループ活動が、どのような効果をもたらすか考えてみます。

## (1) 生活の安定

### ・余暇の過ごし方を知る

　学校や職場以外のプライベートな時間の過ごし方の 1 つとして、余暇の過ごし方が充実すれば、メリハリのある生活が送れるでしょう。休みは家にこもっているという時間も必要ですが、可能であれば外での活動を広げられるとよいでしょう。

　また余暇時間を楽しむために、学校や仕事をがんばろう、というモチベーションにつながることも期待できます。

### ・場の確保

　発達障がいの特性のある子の中には、周囲の子と（ニッチすぎて）趣味が共有できない、男の子と趣味が合うなどの子もいます。またセクシャルマイノリティと思われる子や、感覚の過敏がある子もいて、学校に行くのが辛い子もいます。そういった子への安心できる場の確保という意味でも利用できます。

## (2) ソーシャルスキルを学ぶ

### ・さまざまな体験

　自分や家族では経験しないことも、活動で実施すればあまり興味がないことでも体験できます。イヤイヤだったけどやってみたら楽しかったということもあるでしょうから、本人の経験の幅が広がるかもしれません。さらに活動に伴う準備や片付け、コミュニケーションをとること、その場所に（公共交通機関で）移動することも付随して経験できますので、生活力も身につくでしょう。

### ・支援者がロールモデルとなること

　グループ活動を企画する支援者は、彼女たちのロールモデルとなっているという隠された役割も果たしています。支援者がどのような考え方をもって、どのように接するかは、少なからず影響を与えるものです。話す順番を決めるなどの対人関係のルールや、人の話の聞き方などのスキルについてもさりげなくアドバイスが入ることもあります。また心理士など専門職である指導者からのアドバイスは、彼女たちの状況や状態を俯瞰的に見たうえで、専門的見地からの内容ですから有用であることが多いと思います。

## (3) 人とつながる

### ・支援者や仲間との共同作業や情報交流

　活動では、参加者や指導者と話す機会をとるようにしています。最近の生活の様子や、「○○についてどう思う？」といったディスカッションをすることもあります。このことで、他の人は違う生活をしているし、違う考え方をもっていることを知ることもできます。その違った考えは間違いではなく、どれも正しいし大切なことだということを知ることができたら、彼女たち自身が多様性を理解することができますし、自分のことも受け入れてもらえていることを感じてもらえるのではないでしょうか。

　近年はオンラインでの活動も取り入れているので体験する活動が制限されていますが、逆に物理的な距離や時間を気にせずに開催できるという利便性もあります。おしゃべりや相談であれば、オンラインでも十分可能ですし、参加者同士はもちろん、支援者ともすぐにつながることができます。

### ・保護者との情報共有

　多くの場合保護者を介してプログラムに参加することが多いため、保護者と連携することは欠かせません。双方に情報共有することで、困ったときにお互いに相談できるという意思疎通も可能です。

　グループ活動内では、いじめが起きる力動的アンバランスな状況にならないように意図的に設定しています。風通しがよく均衡が保たれ、双方のことを思いやりながら過ごせる場や時間であり、発達障がいのある女の子にとって安心できる場となっていてほしいです。グループで経験したり学んだりしたことは、グループ活動以外の場でどう振る舞ったらよいのかを試すことができるでしょう。そして活動に参加した結果、少しでも自己肯定感が向上すれば、生活全体が安定することも期待できますので、イライラして他人に当たり散らさなくて済むでしょう。また人間関係がうまくいかないときに、活動そのものやメンバーに頼ってもらえる心のよりどころとなれば、こんなに嬉しいことはありません。

## 5　さいごに

　グループ活動に参加することは、別の見方をすれば "適切な振る舞いができる型" にはめることにもなりかねず、そのことへのジレンマもあります。いじめなどネガティブな想いを無駄に経験してもらいたくないとの思いで、支援者が周りから目立たない方法を伝授してしまいますが、発達障がいのある人の個性を生かせない生き方を求めることにもなりかねません。しかし現状では、社会や周囲が発達障がいのある人のことを十分理解していないことで、いじめられることも事実です。発達障がいのある女の子が自分の個性を自由に表現したり、自由にふるまえる場（女の子グループのような場）をもっと多く保証する必要があるかもしれませんし、さらに言えばそれができる学校や社会の環境作りが今後の課題の 1 つかもしれません。

文献

天咲心良（2017）．COCORA　自閉症を生きた少女　Ⅰ小学校篇．講談社．
伊瀬陽子（2022）．発達障害・ASD といじめ．小児の精神と神経，62（1），73-75．
川上ちひろ・木谷秀勝（2019）．発達障害のある女の子・女性の支援─「自分らしく生きる」ための「からだ・こころ・関係性」のサポート．金子書房．
国立青少年教育振興機構（2007）．全国青少年相談研究集会第 4 分科会　「いじめ問題」資料　http://www.niye.go.jp/kikaku_houkoku/upload/project/268/268_25.pdf（2022 年 10 月 20 日閲覧）
宮尾益知（2016）．ASD、ADHD、LD の女の子の発達障害．河出書房新社．
宮尾益知（2017）．ASD、ADHD、LD の女性の発達障害．河出書房新社．
森口奈緒美（2004）．変光星─自閉の少女に見えていた世界．花風社．
MSD マニュアル　プロフェッショナル版（2022）素行症　https://www.msdmanuals.com/ja-jp/プロフェッショナル/19-小児科/小児および青年における精神障害/素行症
ニューマン，B. M.・ニューマン，P. R.　福富護訳（1988）．新版生涯発達心理学．川島書店．
日本学校保健会（2022）．なぜ、なに、どうして？　学校保健　第 4 回「精神保健・精神疾患を学ぶ」「4. いじめ、二次障害の問題」https://www.gakkohoken.jp/special/archives/222（2022 年 10 月 20 日閲覧）
NPO 法人アスペ・エルデの会（2008）．女の子用ワークブック　おとなになる女の子たちへ．
NPO 法人アスペ・エルデの会（2018）．すてきな大人計画！．
谷口清（2013）．学齢期におけるいじめ・対人トラブルと発達障害─教育相談事例から．自閉症スペクトラム研究，10(1)，19-27．

# 障がい理解教育といじめ予防

## 1　共生社会と障がい理解

　現代では多様性を尊重し、共生社会の形成への取り組みがますます求められています。共生社会とは「これまで必ずしも十分に社会に参加できるような環境になかった障害者等が、積極的に参加・貢献していくことができる社会」であり、「誰もが相互に人格と個性を尊重し支え合い、人々の多様な在り方を相互に認めあえる全員参加型の社会」を指します（文部科学省初等中等教育分化会, 2014）。共生社会の形成に向けてはインクルーシブ教育システムの理念が重要であり（同会, 2014）、障がいをはじめとした人々の多様性を尊重する態度を育成することが社会的にも重要です。

　発達障がいは生来的なコミュニケーションや社会性の困難さを有することで、仲間外れやいじめの対象になりやすい実態があります。そのため発達障がいのある子どもだけではなく、その周囲の子どもたちが障がいや特性について理解できるように取り組むことが共生社会の実現にもいじめ予防にも重要です。特に発達障がい児は障がいの存在が一見して見えにくく、本人のやる気の問題や家庭でのしつけの問題などとみなされ、周囲から障がいやその特性を理解されにくいです。そのため、発達障がい児に対して教師や学級の仲間、同じ学校の児童生徒らが、発達障がいが世の中に身近に存在することを知り、どのように理解し関わっていけばよいかについて、障がい理解を深めていく必要があるでしょう。

　障がい理解は「障害のある人に関わるすべての事象を内容としている人権思想、特にノーマライゼーションの思想を基軸にすえた考え方であり、障害に関する科学的認識の集大成である」と定義されます（徳田・水野, 2005）。また、

真城（2003）は「社会と障害との関わりを考えることを通して、自らの社会への関わり方への指針を得ることで、その過程を、一人の個人としての他者との関わり方、人間の尊厳、社会的な存在としての個人などについて、学習の機会を提供するもの」としています。このように障がい理解教育では科学的知識をもつことで正しく障がいを理解が可能であるという前提に立ち、人の人権や権利、多様な人間の価値を理解することを重要視しています。

## 2　障がい理解教育の実態

　これまで障がい理解教育では視覚障がいや肢体不自由など外から視覚的に気づきやすい障がいが取り上げられることが多くありました。一方で、一般的に知的障がいや発達障がいなどは、障がいの特性や特徴が外から見えにくく、気づかれにくいため、障がい理解教育では取り組みが難しいとされてきました。しかし、近年はこれらの障がい種を対象とする障がい理解教育の実践報告が増えてきています。

　今枝・金森（2016）は公立・私立小中学校を対象とした 2012 年から 2013 年の障がい理解教育の実施状況及び教員の意識について調査をしています。その結果、障がい理解教育の実施率は公立・私立ともに小中学校で 9 割を超え、大多数の学校が実施している現状にありました。しかしながら、障害種をみると、公立小学校では肢体不自由（26.2%）が最も多く、次いで発達障がい（19.6%）、知的障がい（17.9%）でしたが、私立小学校では同様に肢体不自由が最も多く（25.0%）、発達障がい（6.3%）と知的障がい（2.1%）は公立小学校に比べて有意に実施率が低い結果でした。公立・私立中学校では同様に肢体不自由が最も多く（公立 30.7%、私立 29.3%）、発達障がいは公立が 14.5%、私立が 12.1%、知的障がいは公立が 21.6%、私立が 7.9% と発達障がいの実施率は低い現状がみられました。このように公立と私立で障がい理解教育の実施率に差がみられること、知的障がいや発達障がいの障がい理解教育の実施率は相対的にいまだ低く、さらなる取り組みが求められます。

　同調査では学習内容について表 8-1 の分類をもとに調査したところ、公立小学校では「在籍児童生徒の説明」「障害シミュレーション体験」、私立小学校で

### 表 8-1　障がい理解教育の学習内容

| | |
|---|---|
| 1 | 校内外の特別支援学校または特別支援学級の児童生徒と交流をもつ（交流及び共同学習） |
| 2 | 介護施設や障害者施設を訪問し、見学や交流する機会をもつ（施設交流） |
| 3 | 障害の状態をシミュレート（疑似体験）することにより、障害のある人が感じる不便や不安を肌で感じ、認識を深める（障害シミュレーション体験） |
| 4 | 実際に障害のある方を招いて、交流会や講演会を開く（障害者講演） |
| 5 | 学級に在籍している障害のある児童生徒の実態を踏まえた話をする（在籍児童生徒の説明） |
| 6 | 障害理解に関する読書教材（絵本等を含む）を提示する（読書教材） |
| 7 | ビデオなどの映像の媒体を提示する（ビデオ教材） |
| 8 | 障害ある子をもつ保護者の話を聞いて、これまでの苦労やこれからの願いを聞く（保護者講演） |
| 9 | 特別支援教育の専門家（大学の教員等）を招いて講演会を開く（専門家講演） |
| 10 | その他 |

今枝史雄・金森裕治（2016）．私立小中学校における障害理解教育の実態と教員の意識に関する研究―公立小中学校との比較．LD 研究，25(1)，92-104.

は「在籍児童生徒の説明」「読書教材」が最も多いという結果でした。一方で、中学校は公立では「交流及び共同学習」が最も多く、次いで「在籍児童生徒の説明」が多く、私立ではどちらも公立よりも有意に少ない結果でした。このことから、私立中学校では実際に障がいのある児童生徒が介在する学習内容を取り上げる傾向が低いことがうかがわれます。発達障がいの場合、通常学級に在籍したり、特別支援学級に在籍するものの交流で通常学級で多く過ごしたりする児童生徒が多いため、「在籍児童生徒の説明」のように日々の指導や学級運営の中で障がい理解教育に取り組む学校が多いようです。

## 3　障がい理解の発達段階

　障がい児者を理解するには、大人が一方的に「こう理解すべき」と形式的に、教条的に伝えるのではうまくいかないことが知られています。子どもの発達や理解の段階を踏まえた上で、徐々に障がいについて子どもが主体的に理解

### 表 8-2　障がい理解の発達段階

| 〈第 1 段階〉<br>気づきの段階 | 障害のある人がこの世に存在していることに気づく段階。子どもでは、差異に気づき、そこに興味をもつことは当然であり、そこにネガティブな意味を持たせたり、親などの周囲の大人が子どもの気づきを無視しないといった配慮が必要。この段階は障害や障害児・者に対するファミリアリティ（親しみ）向上の第 1 期と位置付けられる。 |
| --- | --- |
| 〈第 2 段階〉<br>知識化の段階 | 差異がもつ意味（disability）を知る、知識化の段階。自分の身体の機能を知り、また障害の原因、症状、障害者の生活、障害者に対する接し方、エチケット等の広範囲の知識を得なくてはならない。 |
| 〈第 3 段階〉<br>情緒的理解の段階 | 第 2 段階の知識化の段階に並列される段階。障害児・者との直接的な接触（統合保育、統合教育、地域で行われるイベント、街で偶然出会うこと等）を通して、障害者の disability（機能面での障害）や handicap（社会的な痛み）を「こころで感じる段階」。 |
| 〈第 4 段階〉<br>態度形成の段階 | 十分な第 2 段階と第 3 段階の体験をもった結果、適切な認識（体験的裏付けをもった知識、障害者観）が身につき、障害児・者に対する態度が形成される段階。 |
| 〈第 5 段階〉<br>受容的行動の段階 | 生活場面での受容、援助行動の発現の段階。すなわち、自分たちの生活する社会的集団（学校、会社、地域、趣味のグループなど）に障害者が存在することを当然のように受容し、また障害者に対する援助行動が自然に表れる段階。 |

徳田克己・水野智美編（2005）．障害理解―心のバリアフリーの理論と実践．誠信書房．一部改変．

できるように取り組むことが必要です。例えば、徳田・水野（2005）は、障がいや障がい者の理解についてはいくつかの段階が想定できるとし、表 8-2 のような障がい理解の発達段階を提案しています。障がいのある人がこの世に存在していることに気づく第 1 段階（気づきの段階）から、差異や違いについての意味を知る第 2 段階（知識化の段階）、直接的な接触や間接的な接触を通して障がいの機能面の障がいや社会的な痛みを情緒的に理解する第 3 段階（情緒的理解の段階）、障がい者や障がいに対する適切な認識と態度が形成される第 4 段階（態度形成の段階）を経て、最終的に生活場面での受容や援助行動の発現に至る第 5 段階（受容的行動の段階）へと移行していくことが想定されています。特に第 3 段階では子どもが障がい児に対して哀れみや同情、恐れ、罪悪感、不安などネガティブな感情も経験することが想定されており、そのような感情も問題視せずに扱っていくことの重要性が述べられています。また、幼児や小学

校低学年は障がいについて学ぶ機会や経験に乏しく発達の過渡期でもあることから、第4段階の態度形成にまで至っていないとされています。裏を返していえば、この時期の子どもの障がいに対する態度は形成途中であり、より早期から障がい理解教育を進めていくことが重要ともいえます。

　このように段階的に障がい理解を深めていくかどうかは十分な実証が今後も待たれるところですが、国内ではこの発達段階に沿ってさまざまな障がい理解教育が試みられています。実際に障がい理解教育を考える上で参考になる考え方です。

## 4　子どもの道徳性や向社会的判断の発達段階

　障がい理解教育の実施には子どもの発達や発達段階を踏まえることも必要です。障がい理解教育に取り組む上で、子どもの道徳性や向社会的判断の発達段階が参考になります。

　コールバーグ（Kohlberg, 1969）は3水準6段階からなる道徳性の発達段階を提起しています。その段階では、力のある者に追従し、その罰を回避したり（段階1）、自己の報酬や利益を求めたり（段階2）するといった前慣習的水準から、他者から是認されることを求めたり（段階3）、社会秩序や社会における契約としての法律を重視したり（段階5）、人間の良心や尊厳といった普遍的倫理価値を志向したり（段階6）するといった、慣習以後の水準へと道徳的推理が発達するとされています。彼らの研究では、10歳から13歳にかけて前慣習的水準の判断が減少し、慣習的水準の1つである段階3（他者から是認され、他者を喜ばせることを求める「よい子」志向）による判断が増加することが知られています（Kohlberg, 1971）。小学校中学年から高学年にかけては、社会的視点取得能力（他者の思考や感情、視点を理解する能力）が水準2（自己内省的または相補的視点）から水準3（第三者的または相互的視点）に移行していく時期です（Selman & Shultz, 1990）。小学校低学年では、自分の行動を基準に他児の視点や行動を予測・理解したりすることが可能ですが、自分に不都合であったり否定的な出来事が起きたり個人間で葛藤が生じたりすると、関係が壊れたり協力できなくなってしまいます。障がいのある子どもと自分の利益がぶつかった

り、葛藤が生じたりする場面をどう考えていくかを障がい理解教育で学んでいくことが必要です。一方で小学校中学年や高学年では、自分と他者という二者関係から離れた第三者の視点をとることが可能になり、人と人との関わりの外側からそれぞれの人の視点を協調させたり、自分と相手が一般的な他者からどのようにみられているかを想像できたりするようになります。障がいのある子どもについても大人や社会から期待されていることについて理解が進む一方で、内心抱いている否定的な感情を表に出さなくなるという一面も考えられます。より年長の子どもに障がい理解教育を行う場合、このような障がいや障がい児者に対する否定的な感情も当然感じる感情として意図的に扱っていくことが望まれます。

　他者を援助するような判断についても同様に発達的な変化が指摘されています。アイゼンバーグは向社会的な領域（個人的な犠牲や自他の要求の対立といった問題についての思考、判断などにおける道徳的推理）の発達について検討しています。例えば「水泳の上手な若者が大会で勝つために自由時間の多くを自分の練習に費やしたい状況で、身体障がいの子どもに対して水泳を教えるべきかどうか」というジレンマ問題を子どもに示し、その判断と理由を答えさせました（Eisenberg & Mussen, 1989）。これによって就学前児童から高校生にかけて、自分の快楽に結びつける考え方から、相手の立場に立った共感的な考え方を経て、強く内面化された価値や規範に基づく考え方へと発達的に変化することが明らかになりました。特に児童期では、その発達過程において、他者の要求に目を向けた理由づけが増加し、小学校高学年になると、同情的な応答など、自己内省的な共感による理由づけがみられはじめます（Eisenberg et al., 1983）。このように小学校高学年になると、他者との関係性や他者への共感を重視した道徳的、向社会的判断がみられるようになります。そのため障がいのある子どもへの肯定的感情，特に共感性を育むことが求められます。

　また、子どもはどのような判断基準で異質な児童生徒の排除を決めているのでしょうか。長谷川（2014）は場面想定法を用いて小中学生に調査したところ、小学生は排除の対象となる他者の特徴に敏感ではない一方、集団タイプで区別して判断していること（班活動のような公的な集団のほうが私的な集団よりも排除を認めないなど）、小学生は他者の特徴の変容を求める傾向が強いことを

示しました。このことは小学生でも集団の目的を考慮して他児を排除するかを判断していること、他者は容易に変わりうるという素朴概念により、障がいといった生来的な特徴や特性が変容し難いということを理解しにくいということを示唆します。この研究はあくまで場面を想定させて児童に判断を求めた調査であるので、実際のいじめや仲間外れなどの行動と１対１の対応をするかは議論の余地はありますが、いじめといった他児の排除を考える上で示唆的です。

## 5　発達障がいの障がい理解教育

　では、発達障がいについて障がい理解教育をどのように進めていけばよいでしょうか。水野（2016）は前述した発達段階に沿った発達障がい理解教育のねらいについて、「①個別のケースの理解、②自分とは違う特徴がある人と自分との共通点に気づく／自分とは違う特徴がある人がいることを知る、③自分と異なる行動をする人が、なぜその行動をとるのかを知る、④障害者が日常生活で困ることを知る、⑤障害者の生活上の工夫を知る、⑥同じ社会の一員として尊重しあう／障害者に対する援助方法を知る」という流れで展開させていくことを提案しています。多くの子どもは発達障がいの障害特性や障害像をイメージすることが難しいです。そのため、架空の発達障がいの子どもを題材に気づきの段階へと指導することが推奨されています（水野，2016）。例えば、水野（2016）では個別のケース理解として、「すぐに叩いたりかみついたりする子ども」「保育室から無断で出ていってしまう子ども」「こだわりの強い子ども」について架空の事例を通して、発達障がいの特性や行動の背景の理解と関わり方について学ぶ指導案を提案しています。次に、「自分とは違う特徴がある人と自分の共通点に気づく段階」として、コミュニケーションやルールが守ることができない子どもや読み書きや手先の不器用さがある子どもを取り上げ、誰にでも得意・不得意があること、努力してもうまくできないことがあることを知り、どのような接し方や言葉かけが適切かを考えることを指導します。さらに中学校段階になれば、「同じ社会の一員として尊重しあう／障害者に対する援助方法を知る段階」として、具体的に発達障がいについて説明し、特性と困りごとを理解し、どのように接することができるかを学ぶような指導を提案して

います。

　このような発達障がいの障がい理解教育の効果はいかなるものでしょうか。国内ではその評価は十分に行われていませんが、海外では特に自閉症へのスティグマの改善や自閉症への意識の向上を目的としたプログラムが多く開発されており、その効果検証が行われています。例えば、Ranson & Byrne（2014）はオーストラリアの女子中学生を対象に、'Understanding Our Peers' と題した自閉症アンチスティグマプログラム（週8回50分のセッション）を実施しました。その内容は高機能自閉症の障がいの特徴や中核症状についての学習、障がいの原因やそれらがコントロールできないことの理解、自分たちとの共通点についての理解、彼らの強みへの理解、高機能自閉症のある仲間と付き合うための効果的な方法の学習などから構成されました。また実際に自閉症に関する専門家や診断された当事者から直接話を聞くセッションも設けられました。ある学校の第8学年をクラス単位でプログラム実施群と未実施群に割り当て，さらに未実施群へのプログラムの波及効果を検証するために、第7学年と第9学年を統制群に設定し、事前、事後、3か月後の3時点で自閉症に関する知識や態度・印象、共に活動したいという意思を測定しました。その結果、プログラム実施群では自閉症に関する知識は有意に上昇し、追跡調査時にも維持されていました。しかしながら、自閉症のある仲間に対する態度や印象、共に活動したいという意思には有意な変化がみられず、未実施群への自閉症の知識の波及効果もみられませんでした。

　Cremin et al.（2021）は以上のような11の研究をレビューし、さらなる研究の蓄積が必要なため暫定的な結論ではあるとしながらも、効果的な障がい理解教育について下記のように整理をしています。1つは自閉スペクトラム症（以下、ASD）に関する知識の向上はプログラムによって短期的に効果が出やすいことです。2つ目は、ASD児への態度や行動への変化には持続的なアプローチが必要であることです。つまり態度や行動のレベルでの変化は短期的な取り組みでは難しいということです。3つ目は実際にASD児との接触や交流を含めることが効果的なプログラムの構成要素として必要であることです。以上のことから、発達障がいの障がい理解教育を進める上では、発達障がいに関する知識の向上は必要ではあるものの、それだけでは不十分であり、実際の発達障

がい児生徒との相互作用を通した継続的な取り組みが必要といえるでしょう。

## 6　障がいについて子どもにどう説明をするか

　前述したように学校現場では障がい理解教育の中で「在籍児童の説明」が多く取り組まれていました。いじめや対人トラブル、集団から逸脱する行動などを契機に、あるいはそのようなトラブルを未然に防ぐ予防として、学校現場では障がいのある子どもやその障がいについて説明する機会が生じたり、どのように説明するかが問題になることがあります。特に発達障がいの場合、教師や親は障がいという表現やASDなどの具体的な障がい名を避けて、「○○さんは、～をすることが苦手だけど、…が得意です」と説明するように、「得意－苦手」という表現が多用されます（相川・仁平, 2009）。障がい名を避ける理由として、①障害名だけに関心が集まるだけの結果になり、子ども間に心理的な隔たりが生じ、さらにはからかい・いじめが誘発される可能性がある、②本人に伝わる可能性を考えると、本人への障害告知が必須となる、③障害名が意味する内容は多くの場合、不完全にしか理解されないので誤解を生じやすい、④その障害が基本的に治療不可能であるという考えがある場合、障害のある子どもにとられるべき対応が抑制されてしまう恐れがある、の4点が挙げられます（相川・仁平, 2009）。障がい名を避けて「得意－苦手」として障がいを説明することで，周囲の子どもたちが障がいを異質や特別なものではないものと感じ、自分と同じように何かが「苦手」でありという共感的な理解や親近感につながるねらいがあります。しかしこういった表現が必ずしもプラスの結果につながらない場合もあるようです。例えば、相川・仁平（2009）は教師が障がいのある子どもが他の子どもと違う特別な存在ではないことを強調したために、周囲児が障がいのある子どもに対して「自分と同じように行動できないことに批判的に反応するようになった」という教師の経験も報告しています。これは相違点よりも共通点が子どもたちに印象強く残ってしまったことが考えられるでしょう。また「得意－苦手」という表現には能力としての「できない」だけでなく、「できるけど避けたい」「できなくはないけどひどく疲れる」「できなくはないけど興味がもてない」などが含まれ、かなり多義的でもあります。

「得意‐苦手」や「同じ‐違い」が子どもたちにどのように理解されて、受け止められているのか絶えず確認する必要があり、また一度だけの説明で終わるのではなく、継続的な説明の機会を設け、取り組みの積み重ねが大事といえるでしょう。

　障がい名を伝えるかどうかは何よりも本人や保護者の意向を尊重するのが重要です。障がい名をあえて避けて説明するのは、社会的に障がいという言葉が内包する独特な否定的な響きやスティグマ、偏見が根強くあるからともいえます。一方で障がい名や診断名を伏せることの長期的な弊害というのもこれまであまり考えられてこなかったように思われます。例えば、谷口（2022）は青年や成人を対象とした面接調査で、一般の人たちが発達障がいと身体障がいを区別なく理解していることや、子ども時代に出会った知的障がい児や身体障がい児を発達障がいとして認識していることを示唆しました。筆者の経験でも大学の講義で発達障がいについて知り、そこで初めて自分が子ども時代に出会った少し変わり者のクラスメイトが発達障がいであったのだと理解する学生に多く出会います。本人や親の意向を踏まえながらも、一律的に診断名や障がい名を伏せるのではなく、子どもの年齢や発達段階に沿って障がい名や診断名についても説明し、周囲の子どもが発達障がいについて学ぶ機会をもつことが求められるでしょう。

## 7　多様性理解——普遍性と個別性の理解

　障がいをはじめとした多様性を理解する態度には、共通点（普遍）と相違点（個別性）への意識を高め、その双方について受容しようとすることが重要です（Miville-Guzman et al., 1999）。これまで紹介した障がい理解教育においても、周囲児が障がい児者との共通点と相違点を見出すことが重視されています。では、この「同じ」と「違い」をどのように子どもに伝えていけばよいでしょうか。

　ここで筆者が関わったある事例について紹介します。小学1年生の女の子のAさんは聴覚過敏があり、学級や学校の騒がしい雰囲気や慣れない新しい環境で心理的な負担がつのり、度々保健室に通うようになりました。周囲の子ど

もたちはなぜAさんが授業を抜けて保健室に通うのかわからないという反応でした。保護者は本人の希望を聞きながら担任教師や学校と話し合った結果、次のような対応を担任教師にお願いしたそうです。担任の先生からは、クラスの子どもたちに向けて、Aさんは聴覚の過敏さがあってクラスが騒がしいとつらくなること、つらさが増したときはイヤーマフを使えば対処できること、落ち着いた場所で休むと元気になるので教室の後ろの席に移動して勉強することがある場合を伝えました。また、Aさん自身も自作の絵本を用意してクラスの児童に説明しました。そして担任教師はクールダウン用の席を教室の後ろに用意し、Aさんが自由に利用できるようにしました。そのときに担任教師が工夫したのはこのクールダウンスペースがAさんのだけの席ではなく、クラスのみんなが利用してもよいということにしました。つまり、Aさん以外でも集中できないとき、1人で落ち着きたいというときは使ってもよいと説明したのです。その結果、Aさんはクールダウンスペースやイヤーマフを使いながら次第に学校にも慣れてきて、つらいときはそれらを利用できるという安心感から保健室を利用する機会も減って落ちついていきました。同じクラスの子どもたちはというと、Aさん以外にもクールダウンスペースを利用する子どもがみられ、中にはAさんが必要としなくなった後も利用する子どももみられたそうです。後日、担任教師は障がいの有無に関係なくAさんと同じように支援を要する子どもが他にもいたことを理解されたそうです。

　今回紹介したAさんへの支援は障がい理解教育やインクルーシブ教育を進めていく上での重要な要素がいくつか含まれていると思います。1つは周囲の子どもたちの「なぜ?」という疑問を感じる気づきの時期に合わせてAさんの特性を伝えたことです。周囲の子どもたちはなぜAさんが調子を崩すのか、保健室をよく利用して教室に入れないのか疑問をもち始めた時期でした。2つ目は周囲の子どもたちに理解しやすく、共感をしやすい説明がなされたことです。担任の先生による大人からの説明だけでなく、Aさんが保護者と相談して作成した絵本は、同じ年齢の子どもたちにとって内容が理解しやすく、なぜ耳をふさぎつらいのか、Aさんの自分の気持ちをわかってほしいという思いがよく伝わったのだろうと思います。3つ目は、クールダウンスペースをAさんのための配慮とするのではなく、学級みんなのための配慮として位置付け

たことです。Ａさんのつらさは努力でどうなるものではないけど、同じように つらくなるときはみんなにもあって、同じように配慮されて対応してもらえ ることが共感をもって理解できたのだろうと思われます。また周囲の児童生徒 も不公平感を感じることなく、自分たちも配慮される存在であることを実感 し、特別ではない配慮として自然と受け入れることができたのではないでしょ うか。「みんな違っていい」「みんな必要があるなら配慮される」という単なる スローガンではなく、子どもたちが実際にそう思えるように体感できることが 大事です。障がい理解教育では実践を行う指導者の障がいの認識が重要でもあ ります（徳田・水野，2005）。障がい理解教育やその指導でどんな内容を伝える かはもちろん大事ですが、それよりも大人からのどのようなメッセージが普段 から子どもたちに発信され、伝わっているかが重要といえるでしょう。

## 8　おわりに──多様性の尊重とその葛藤を乗り越えて

　共生社会を実現するには、いわゆる「みんな違ってみんないい」と実感を 伴った理解が社会に根付く必要があります。多様性の尊重には前提として「何 がどう違っているのか？」「その違いはどういう背景があるのか」を知り、理 解することが必要になります。学校や学級にはさまざまな潜在的な多様性が存 在する "はず" ですが、その中でも発達障がいは他の障害種に比べて比較的身 近でかつ気づかれやすい「違い」の１つです。そのため学校では多様性の尊重 のために，まずは発達障がいの障がい理解教育から取り組むのが妥当といえる でしょう。しかし、実際にはその過程では多様性の理解に伴う葛藤に直面する こともしばしばあります。ときには多様性が不公平感、いじめ、排除などの分 断を招いてしまうことさえあります。障がい理解教育においては、子どもだけ でなく大人も多様性が分断を生み出さない形で共生するにはどうしたらよいか を日頃より模索し、探究していくことこそが重要ではないでしょうか。

文献
相川恵子・仁平義明（2009）．子どもに障害をどう説明するか─すべての先生・お母さん・
　　お父さんのために．おうふう．

Cremin, K., Healy, O., Spirtos, M., & Quinn, S. (2021). Autism awareness interventions for children and adolescents: a scoping review. Journal of Developmental and Physical Disabilities, 33 (1), 27-50.

Eisenberg, N., Lennon, R., & Roth, K. (1983). Prosocial development: a longitudinal study. Developmental Psychology, 19 (6), 846-855.

長谷川真里（2014）．他者の多様性への寛容—児童と青年における集団からの排除についての判断．教育心理学研究，62 (1)，13-23.

今枝史雄・金森裕治（2016）．私立小中学校における障害理解教育の実態と教員の意識に関する研究—公立小中学校との比較．LD 研究，25 (1)，92-104.

Kohlberg, L. (1969). Stage and sequence: The cognitive-developmental approach to socialization. In Goslin,. D. (ed.), Handbook of socialization theory and research. Chicago: Rand Mc Nally.

Kohlberg, L. (1971). Stages of moral development as a basis for moral education. Moral education: Interdisciplinary approaches, 23-92.

Miville, M. L., Gelso, C. J., Pannu, R., Liu, W., Touradji, P., Holloway, P., & Fuertes, J. (1999). Appreciating similarities and valuing differences: The Miville-Guzman Universality-diversity scale. Journal of Counseling Psychology, 46 (3), 291-307.

水野智美（2016）．はじめよう！障害理解教育—子どもの発達段階に沿った指導計画と授業例．図書文化社．

文部科学省初等中等教育分化会（2014）．共生社会の形成に向けたインクルーシブ教育システム構築のための特別支援教育の推進（報告）．

Ranson, N. J., & Byrne, M. K. (2014). Promoting peer acceptance of females with higher-functioning autism in a mainstream education setting: A replication and extension of the effects of an autism anti-stigma program. Journal of Autism and Developmental Disorders, 44 (11), 2778-2796.

真城知己（2003）．「障害理解教育」の授業を考える．文理閣．

Selman, R. L., & Schultz, L. H. (1990). Making a friend in youth: Developmental theory and pair therapy. University of Chicago Press.

谷口あや（2022）．社会一般における発達障害に対する認識と態度の関連性—発達障害概念の観点による検討．神戸大学大学院人間発達環境学研究科博士論文（未公刊）．

徳田克己・水野智美編（2005）．障害理解—心のバリアフリーの理論と実践．誠信書房．

## コラム❷

# 学校からのサポート

　コラム①に引き続きアンケートの回答を紹介していきます。ここでは、「いじめに関わることで、お子さんにこういうサポートがあればよかったと思うことはありますか？　具体的にお書きください」という質問への保護者回答を紹介します。質問では「あればよかったサポート」について尋ねていますが、一部「あってよかったサポート」も回答に含まれていましたので、まとめて紹介します。なお、紙面に限りがあるため、回答の一部を編集させていただいています。

●中学生のときに複数の子どもから、からかいや暴力を受けました。本人が母親にいじめを訴えたので、担任に連絡してその都度対応していただきました。当人たちだけでなく目撃した子どもたちの証言も細かく聞いていただいて、いじめた本人に注意してもらいました。簡単にはなくなりませんでしたが、担任の先生から首謀者の子に物理的な距離をとるように強く言っていただき、暴力はなくなりました。担任の先生や親が真剣に話を聞いたのが良かったと思います。「自殺するより不登校になった方が良い？」と聞かれたときは驚きましたが、命が大事で親が息子をとても大切に思っていることを伝えました。不登校にはなりませんでしたが、今も傷ついていると思います。

●子どもが親には直接、話さないことがあるので、いじめにかかわらず、日頃から何でも話せる状況を作ってもらえると話しやすいと思

います。実際、小学生のときに先生との交換ノートがあり、その中で担任に友達とのトラブルを書いていました。担任も忙しい中、気持ちを聞いて返事を書いてくれて、解決したことがありました。

●担任の先生に度々相談しても、こちらにも非があるとか、やられた現場を押さえないと無理だとか言われ一向に改善されなかったので、直接自分で相手の親子と話し合いましたが…（中略）…次の日からさらにいじめが酷くなり、私の対応が失敗だったと痛感しました。苦い失敗談です。やはり感情的になってしまうと失敗するので、学校でいろいろな人の目で状況を見てもらった上で間に入ってもらうことが必要だと感じました。わが子へのサポートはもちろん、いじめている子のケアも大切だと思いました。

●登下校の見守り、教員の障がいへの理解、教員がいじめだときちんと認識し、対応すること

●いじめを早期に察知できる環境作り（本人がいじめを告白するまでに、およそ2か月かかりました。その間教員も親も察知することができませんでした。親としては、その間本人に辛い思いをさせてしまったことを後悔しています。）

読者のみなさんは、これらの保護者のメッセージをどのように読まれたでしょうか。もちろん学校の先生たちは万能ではないですし、できることにも限りがあると思います。しかし、当然のことかもしれませんが、学校の先生たちが発達障がいのある子どもも含め、一人ひとりの子どものことを理解し（理解しようとし）、親と共に子どもたちを守ろうとする姿勢はやはり大切であると感じられました。

# 第3部

いじめへの
介入の実際

第**9**章　　　　　　　　　　　　　　　　　　飯田 愛・小倉正義

# いじめ被害者への心理支援

　これまでも繰り返し述べてきましたが、発達障がいの子どもはいじめに巻き込まれることが多く、特に被害者になる場合が多いことがさまざまな研究や実践報告から明らかにされています。そして、被害者本人への心理支援の際にも、発達障がいの特性に配慮することが大切です。

　本章では、4つの事例を通して、発達障がいのある子どもが被害者になったときの心理支援について具体的に考えていきたいと思います。事例は架空事例ですが、筆者たちが出会ってきたさまざまな子どもたちに共通する要素を考えて話し合って作成しました。できるだけリアルに伝えるために、実際の事例であるかのように記述しています[1]。

## 1　助けを求められなかったショウさん

### (1) 事例の概要とエピソード

　ショウさんは、軽度知的障害 (ID)[2]、自閉スペクトラム症（以下、ASD）、発達性協調運動症の診断を受けている小学5年生の男の子で、特別支援学級に在籍していました。ショウさんの性格は穏やかで、対人関係も自分から積極的に関わろうとせず、どちらかというと受け身的なタイプであるため、集団でのトラブルはそれまでほとんどありませんでした。しかし、全体的に発達がゆっく

---

1　登場人物の名前もすべて仮名です。

2　知的障がいについては DSM-5（American Psychiatric Association, 2013）の診断基準を用いて、知的能力障害群を示す Intellectual Disabilities の略称を用いて ID と表記しています。

りであり、集団行動において他の友達から遅れがちで、自身でも学習の上手くいかなさを強く感じており、特別支援学級で国語や算数を勉強するときには「どうせ」「ダメだし」「無理だし」が口癖でした。

　5月下旬にあった運動会の本番でショウさんのバトンミスによりリレーで負けてしまったことをきっかけに、交流学級の一部のクラスメイトから遠回しな悪口を言われたり、掃除や係の仕事を押し付けられたりすることが増えました。授業中に教員が見ていない場面で小突かれる、足を引っかけて転ばされる、物を隠される、とショウさんに対するいじめがエスカレートしてきた段階で、あるクラスメイトから担任に報告があり、いじめが発覚しました。教員がショウさん自身に聞き取りを行っても、「叩かれたり転ばされたりしたことは確かにあるけれど、わざとじゃないって言っていたし……」「○○くんはよくひどいことを言っているけど、自分に言われたのかと思って聞いてみたら"お前には言ってない"って言っていたし……」と状況が全くわかっていないわけではないものの、いじめの標的になっているという自覚や嫌な思いをしているという訴え、助けを求める姿勢はあまりうかがえませんでした。

　前述したように、自分のことを「どうせ……」とネガティブに捉えてしまう傾向があり、そもそも助けを求めても無駄だと思っているところもあったのかもしれません。

## (2) 心理支援について

　ショウさん自身は、幼児期から周囲のペースに合わせられないことを理由にして、叱責されたり仲間から外されたりすることに「慣れて」いました[3]。そのため、直接的でない攻撃や大人の目をかいくぐって巧妙に行われる嫌がらせの実態が明らかになったときに「誰かに言おうと思わなかったの？」と尋ねても、「全く（周囲に助けを求めることを）考えたことがなかった」と答えました。

　その後、さらに詳しく話を聴いていくと、今回の出来事も含めてショウさんが困ったと感じたときに、助けを求めるタイミングや方法がわからなかったた

---

　3　ここでは「慣れて」という言葉を使いましたが、慣れているから大丈夫という意味ではなく、繰り返される叱責や仲間はずれの中で何をやってもどうにもならないといった無力感が蓄積した結果、一つひとつの出来事への反応が薄くなったのだろうと思われます。

めに自分からは誰かに訴えられなかった可能性もあることが明らかになってきました。また、今回のいじめが起こっている間、授業中は特に変わった様子はなく、先生からはあまりつらそうに見えることはありませんでした。家では好きなゲームを変わらず楽しんでいたので、保護者も本人がそんなことをされているとは全く気づきませんでした。

　まず、学校では担任や養護教諭とスクールカウンセラー（以下、SC）が連携して、ショウさん自身の体験を丁寧に聞き取ることから始めました。言葉でのやりとり（特に嫌味、遠回しな表現、比喩など）、自分や相手の気持ちといった目に見えない曖昧な事柄を扱うため、聞き取りの際には「目に見える形」で確認をしました。このときにショウさんとの話の中で用いた「目に見える形」で確認する方法の例を図 9-1 に示しておきます[4]。

　このようにさまざまな工夫をしながらショウさんの体験や思いを聞き取る中で、明確な言語化は難しいものの少しずつショウさんから見た状況や気持ちが見えてきました。やられたことを何とも思っていないかのように見えたショウさんでしたが、漠然とした不快感や学校生活への不安を抱えていることがわかりました。また、ショウさんに話を聴くだけではなく、SC が休み時間中のク

**図 9-1　やりとりや気持ちの視覚化**

---

　4　図 9-1 はコミック会話（Gray, 1994）を参考に作成したものである。

ラスの様子を見に行ったり、担任が他の子どもたちの話を聞いたりする中で、具体的にどのような状況でいじめが起きていたのかを確認しました。

　そのうえで、ショウさんに対し、ショウさんが一部のクラスの子どもたちからされていたことは「いじめ」であり許される行為ではないこと、同様のことが起きたときには周囲の大人（家族、担任、SC、かかりつけ医など）が味方になること、ショウさんは悪くないことを伝えていきました。

　しかし、周囲の大人が味方になることを伝えたからといって、もともと援助要請をすること自体に苦手さがあるため、すぐに助けを求められるわけではありません。そこでショウさんに対し、断る（＝NOと伝える）練習や助けの求め方について、特別支援学級の担任が自立活動の時間を使って教えていくことにしました。

　例えば、「いつ」「だれに」「どのような形で」助けを求めればよいのかを具体的に伝え、ロールプレイを行ってスキルとして身につけられるように工夫しました。また、担任やSCと定期的に面接の機会を設け、ショウさんが困った際には支援者がすぐに気づき早急な対応ができるよう枠組みを決めました。学校内では学年の教員[5]で定期的にショウさんの様子について情報共有をし、校内の「いじめ対策会議」では職員全体で対応方法を検討し、休み時間や移動教室などでショウさんが困っているときには声をかけるようにしました。

　また、ショウさんは、時折、腹痛や頭痛を訴えて保健室に行くことがありました。養護教諭が身体的なケアはもちろんのこと、不調が起こりやすい状況を丁寧に聞き取る中で「嫌な出来事があると、お腹や頭が痛くなる」ことや「学校のことを考えると夜眠れないときがある」ことがわかりました。ストレスと身体的な不調との関連について、時間をかけてショウさんに伝える中で、ショウさん自身もストレスを感じたときの不調のサインに少しずつですが気づきを得ていきました。

　このような取り組みの結果、日常生活で起こった出来事を担任やSCに話をすることができるようになり、それを繰り返す中で友達関係の困りごとについ

---

5　音楽や家庭科などの授業でショウさんの不器用さに対してからかう児童がいたため、それらの授業を担当する専科教員も含んでチームを編成しました。

ても少しずつ自分の考えや思いを言葉にして伝えられるようになりました。

　ショウさんへの心理支援を始める前には、保護者とその目的を共有しており、上記のようなプロセスも随時報告し、家庭での様子についても学校と保護者との間で共有しながら連携協力して進めるようにしました。また、今回の件を契機として、保護者は主治医への相談を再開していたため、担任や特別支援教育コーディネーターを中心に学校と医療機関で連携をとりながら、ショウさんへの支援を考えていきました。

### (3) ショウさんの事例のまとめ

　ショウさんの事例では、いじめ被害を受けている本人がいじめを受けていると認知していなかったり、いじめの SOS が出せなかったりするタイプの子どもへの心理支援のプロセスを示しました。第1章でも述べましたが、本人からの SOS がないから対応しないのではなく、いじめと思われる行為があった場合にはできるだけ早期に対応することが望まれますし、再発を予防するために周囲にも本人にも丁寧な心理教育が必要です。SOS を出す、援助要請をすることについての心理教育については、その理論的背景も含めて第6章で詳しく触れていますので、そちらをご参照ください。

　被害を受けた本人にアプローチする場合には、あくまでもいじめを受けた子ども自身が「いじめられている自分が悪い」「はっきりと断れなかった自分が悪い」「助けを求めることができなかった自分が悪い」と思わなくて済むように十分な配慮が必要です。助けを求めることができるためのスキルを教えていく中で、「助けを求めることができなかった自分が悪い」という思いを感じてしまうことも起こり得ます。SOS が出せるための心理教育をするのは、あくまでもこれからの人生を豊かにするために必要なものとして行われるべきです。

## 2　リストカットをやめられないサクラさん

### (1) 事例の概要とエピソード

　サクラさんは中学2年生の女の子です。小学校の低学年まではクラスのみん

なと仲良く遊んでおり、高学年で周囲の女の子たちが特定のグループを作り始めた際も、変わらず男女分け隔てなく声をかけていました。中学生になり、サクラさんは学業でも部活動でもよい成績を収めていましたが、「同級生とは話が合わない」「同級生はみんなレベルが低いから先輩といた方が自分にはあっている」と感じ始め、それをそのまま言葉にしてしまったために次第に同年齢集団から浮きがちになり、休み時間は1人で過ごすことが増えました。学校行事やグループ活動で一緒に組む友達はおらず、サクラさんは「普通にしているだけなのにみんなが自分を避ける」と感じ始めました。サクラさんはこういったストレスをソーシャルネットワーキングサービス（以下、SNS）上に書き込むことで発散していましたが、特定のクラスメイトを非難するSNS上での発言をきっかけに同級生の女子は誰もサクラさんに話しかけなくなりました。

　その後、サクラさんはSNS上で身に覚えのない誹謗中傷や嫌がらせを受けるようになり、次第に学校でも無視されることが多くなりました。サクラさんは担任に相談をしましたが、「サクラさんにも歩み寄りが必要ではないか」「相手の気持ちをよく考えなさい」と言われ、学校に行かなくなりました。自宅にひきこもりがちになったサクラさんはSNSで知り合った「友達」[6]が「気持ちが楽になる」と話していたリストカットを頻回に行うようになり、その後、自傷行為に気づいた保護者に連れられて精神科病院を受診するに至りました。

## （2）心理支援について

　保護者の繰り返しの説得もあり、気は進まないもののサクラさんは定期的に病院に通い始めました。サクラさんが訴えた不眠に対して少量の睡眠薬が処方されましたが、安定した服薬ができず徐々に昼夜逆転の生活になりました。また、保護者が管理する薬を勝手に持ち出し、まとめて飲もうとする行動（過量服薬）があり、夜間の救急外来を受診することもありました。通っている病院

---

6　ここでは「友達」と表記していますが、本人にとってプラスの影響を及ぼしているとは限りません。また、SNS上ですので、本人が同年代の友人と思っていても同年代でない可能性があることに留意が必要です。ただ、本人が友人だと思っていることを真っ向から否定すると、本人がリアルのつながりをすべて拒否してしまい、支援がつながらなくなることもあるので注意が必要です。

で心理カウンセリングも始まりましたが、不登校になるきっかけとなった同級生や教員を一方的に非難し続け、自傷行為の痕を見せ「いかに自分が苦しんでいるか」を訴えました。カウンセラーは、本人の気持ちに寄り添うように話を聴いていきましたが、同じ内容が何度も語られることに難しさを感じていました。

　そこで病院では、まずサクラさんの生活のリズムを整えるために、睡眠・食事・清潔の保持（入浴、着替え、歯磨きなど）について約束事を決めることから始めました。睡眠リズムが安定してきたところで、週1回学校へのあいさつ登校（学校の先生にあいさつだけをしに行くこと）をしたり、教育支援センター（適応指導教室）（以下、教育支援センター）の見学をしたりすることを勧めました。すると、サクラさんはあいさつ登校に関しては拒否しましたが、教育支援センターへの見学に関しては承諾し、その後通所を始めました。

　教育支援センターに通い始め、少人数で学習をしたり、レクリエーション（スポーツ活動、調理実習、DVD鑑賞、簡単な農作業、地域のサークルとの交流など）に参加したりする中で、異年齢の友達ができたことがサクラさんにとっては安心感につながったようです。サクラさんは同世代との関係作りは苦手でしたが、小学生に勉強を教えたり、教育支援センターを卒業した高校生の先輩や、学校の先生とは立場の異なる指導員と話をしたりする中で対人場面における不安感や被害感[7]が徐々に薄れていきました。また、指導員の提案により、学校の養護教諭が時折教育支援センターに顔を出し、サクラさんに声をかけたり、担任から預かってきた手紙やプリントを渡したり、ときには他の通所している子どもたちと一緒にカードゲームをしたり、サクラさんが学校とのつながりを感じられる機会を定期的に設けました。

　このような関わりの中で、初めは拒否的だったサクラさんも、次第に養護教諭が次はいつ来るのかを気にするようになりました。また、教育支援センターの卒業生から高校の話を聞く中で進路についても関心をもち始め、自分にあった学習環境や進学先について考える機会が増えました。このように教育支援センターへの通所が安定してきた頃、学校へのあいさつ登校についても「挑戦し

---

7　「私がいつも悪者にされる」といった自分のためにならない認知。

たい」という気持ちが芽生えてきました。あいさつ登校は養護教諭と保健室で会うことから始め、そこに担任が顔を出すことで少しずつ話をすることが出来始めました。

　教育支援センターに通所を始めてからも、サクラさんの自傷行為は、環境の変化への不安から一時的に頻度が増えることが予測されました。教育支援センターで友人がすぐにできないことに落ち込んだときや、あいさつ登校で担任が忙しくて会えなかったときにはリストカットを繰り返しました。そのため、サクラさんが自傷行為をしたという報告の際は手当てをした上で、本人の不安な思いを傾聴するという方針を家庭・学校・教育支援センター・病院で共有しました。その後、教育支援センターで少人数での学習やレクリエーション活動への参加をさらに積み重ね、具体的に友達とつながれた経験を重ねていくと、徐々に自傷行為の回数は減少していきました。

　その間、病院では、リストカットに代わるストレス対処の方法をカウンセラーと一緒に考えリストを作り（図9-2）、そのアイデアを家庭・学校・教育支援センターとも共有しました。それまで自傷行為やSNSへの書き込みでしかストレスを解消できないと感じていたサクラさんでしたが、リストを見て「こんなことでもいいんだ」「意外と私できることがあった」と手ごたえを感じた

---

**サクラさんのストレス対処法**

イライラする、ソワソワする、いやな気持ちになったとき

| 発散する、スカッとすること | 安心する、ホッとすること | その他（環境を変えるなど） |
|---|---|---|
| ・ゲームをする<br>・カラオケに行く<br>・グチを言う<br>・クッションを叩く<br>・自分の部屋で叫ぶ | ・音楽を聴く<br>・ゆっくりお風呂に入る<br>・マンガを読む<br>・甘いものを食べる、飲む<br>・何もせずにボーッとする | ・散歩に出かける<br>・自分の部屋にこもる<br>・外食に行く |

**図 9-2　ストレス対処の方法（例）**

ようです。しかし、すぐに自傷行為が収まったわけではなく、サクラさんがリストカットをして教育支援センターに登校することもありました。その際には、サクラさんを責めることなくそのつらさを受け止めた上で、「自傷したいと思ったときには○○してみるのはどうだろう」と一緒にリストを見ながら指導員が根気よく関わりを続ける中で、サクラさんも「リストカットをしたいと思ったけど、他のことで気を紛らわせた」と報告できる機会が少しずつ増えていきました。

　その後、サクラさんは自分の体調や疲れに応じて行動することができるようになってきました。例えば、学校に登校する日もあれば、疲れている日は教育支援センターでゆっくりと過ごし、体調が悪ければ家で休養するといった形でうまく調整できるようになりました。

　そして、無事中学校を卒業し、少人数での学習が可能な高校へ進学しました。新しい環境に落ち着くまでは病院への受診も継続することにし、学業に支障のないように少しずつ受診の頻度を減らしていきました。

## （3）希死念慮や行動化が大きい場合の医療機関での対応

　ここで、希死念慮や行動化が大きい場合の医療機関での対応についても記しておきます。行動がエスカレートし、切迫した希死念慮や行動化[8]をはじめ、自身を傷つけたり他人に危害を及ぼしたりするおそれが強く、医師が必要と判断した場合には、家族などの同意のもと、入院治療をすることがあります。

　自身の生命を守ることが難しい状態のとき、入院後しばらくは鍵のかかる病室で過ごすことが多く、初めは慣れない環境に不安や抵抗を示すものの、それまでの行動からは考えられない程に落ち着くこともあります[9]。病室に危険物は持ち込めないため物理的に自身を傷つける行動を起こしづらいだけでなく、アピールすべき相手の不在や静かで刺激の少ない環境が、安心や安定につながることもあるようです。また、病棟の多くは起床・消灯時間や食事・入浴・薬

---

8　自殺未遂を図る、自殺を図るための方法を具体的に調べたり道具を用意したりするといった行動がみられることをいいます。

9　例えば、家で暴れて物を壊したり、興奮してやりとりができなかった子が、入院後すっかり落ち着き、「やることがなくて退屈」「早く帰りたい」と話すこともあります。

を飲む時間が決まっており、規則正しい生活を送ることになります。サクラさんの事例のように、不登校などをきっかけに不規則な生活[10]があった場合、生活リズムを整えることにも役立つ場合があります。

　子どもたちの中には、隔離された病室から一般病床に移った後に、他の患者との交流や行動制限の緩和によって再び行動がエスカレートすることもあります。入院治療にあたっては、医師、看護師、心理士、精神保健福祉士、作業療法士などの多職種で対応し、定期的にカンファレンスを開き治療計画や経過を共有するだけなく、治療における枠組みや役割を確認した上で、病棟内でのルールや1日のスケジュールなどを患者本人の理解や特性に合わせて説明をします。

　特にASDの子どもの場合、急な環境変化に対応ができず、見通しのもてない入院生活に不安を感じやすいために具体的に枠組みや予定を示すことが必要です。入院中は薬物治療や身体状態の評価だけなく、心理カウンセリングで本人の思いや葛藤を受け止めた上で「死にたい（くらいに不安や焦燥感を抱く）」ときの対処方法について具体的に話し合う、病棟生活の中で余暇の過ごし方を見つける、他者と適切な距離感で過ごせるよう小集団での活動に参加するなど、治療目的にあわせてさまざまなケアを行います。

　入院中の家族や学校関係者の面会については病院ごとに決められたルールに準じて行われます。学校関係者（担任・養護教諭・部活動の顧問・SCなど）の面会は、入院直後の本人や家族の不安が大きい時期はあまり勧められませんが、環境に慣れた頃に本人の意向や家族・主治医と相談の上で設定されることもあります。これまでに、「今日、学校の先生が来てくれたんだ」と照れながらも嬉しそうに報告する子どもたちに筆者は多く出会ってきました。子どもたちにとって、入院という隔離された環境の中で、社会とのつながりを感じられる大切な機会になり得ると考えています。

　また、退院前にはその後の生活を見据え、家族や教育関係者、福祉関係者なども含めた関係者会議を行い、今後の進路や支援の在り方、必要であれば医

---

10　ゲームやSNSに没頭しすぎたり、そのために昼夜逆転してしまったりすることもよくみられます。

療・福祉サービスの導入について具体的に話し合うこともあります。例えば、教育機関が抱く「段階的に登校の頻度を増やすにはどうしたらよいのか」「学校内で自傷行為を行ってしまった場合の対応を知りたい」「今後の連携や支援機関ごとの役割を確認しておきたい」などの不安は、退院前に関係者で方針を共有することで、支援者だけでなく本人や家族にも見通しをもたせ、安心感をもって退院後の生活を送る上で役立つかと思われます。

## (4) サクラさんの事例のまとめ

　2つ目の被害者への心理支援の事例として、自傷行為や過剰服薬があり、医療機関にかかっている事例を紹介しました。医療機関にかかっている場合も、本人を中心として学校・家庭・関連機関がつながり、心理支援をすることが望まれます。

　特に入院治療のような本人を取り巻く環境が大きく変化するときには、本人・家族共に不安を抱えているため、入院期間中も学校とつながりを感じられることがときには大きな支えとなります。また、不登校・ひきこもりなど本人の不安が高く学校に登校できない場合でも、教育支援センター、フリースクール、環境が整っていればオンラインでの授業参加など、学校（教室）以外の学習環境の場も視野に入れ、本人が安心して過ごせる居場所の確保や障がい特性に配慮した環境調整も大切です。

## 3　つながり、関わりを広げるための支援

　サクラさんの事例でもそうでしたが、いじめ被害を受けた発達障がいの子どもたちにとって、関わることができる人を徐々に増やし、一対一や小集団のグループでの対人関係の経験を重ねることは非常に大切です。以下に、小学生と高校生の2つの事例を通して、いじめ被害を受けて対人関係に恐怖感や不安感をもった子どもたちとのつながりや、関わりを広げるための支援について、さらに考えたいと思います。小学生のアキさんの事例では訪問の意味、高校生のヒカリさんの事例では小集団グループの意味について考察します。

## (1) 訪問からの関わりから「つながれた」アキさん

### 1) 事例の概要とエピソード

　アキさんは、幼稚園のときは活発でよく動き回る子で、小学校に入ったとき
に座っていられるかどうか両親はとても心配していました。就学を機に医療機
関を受診し、ASD と診断を受けました。小学1・2年生のときは基本的には元
気いっぱいに学校に通っていましたが、運動会などの行事が苦手だったので、
その練習が続くとときどきお腹が痛いと言って休むことがありました。それで
も、1・2年生のうちは、続けて休むことはありませんでした。

　小学3年生の5月の連休明けから、お腹が痛いと訴えることが多くなってき
ました。両親から本人に理由を聞いても何も言いませんでしたが、運動会の
シーズンだったので、「今年も運動会の練習が嫌なのかな」と両親は思ってい
ました。担任からは「逃げているだけだと思うので、無理矢理にでも連れてき
てください」と言われていたので、両親としても担任の言い方にやや違和感を
もちながらも車に乗せて連れて行っていました。しかし、車で連れて行って
も、アキさんは車の中から降りることはなく、促しても嫌だと立てこもるよう
になり、帰らざるを得なくなることもありました。そのようなことを繰り返し
ているうちに、家から連れ出すことも難しくなってきてしまったので、7月の
初め頃には学校には行かなくなってしまいました。

　その頃、担任が家庭訪問することがありましたが、アキさんは玄関先に担任
が来ても全く部屋から出てこようとしませんでした。それから、6、7月と家
から出られない生活が続き、家族以外の人との関わりがほとんどもてなくなっ
ていました。アキさんの住んでいる地域では、不登校の児童生徒に臨床心理学
を学ぶ大学院生を派遣する制度[11]があったので、母親はその制度を利用するこ

---

11　徳島県では、臨床心理学を学ぶ大学院生による訪問臨床の活動を 20 年近く継続してき
　ています（吉井，2017；小倉，2020 など）。ここで訪問臨床とは、「臨床心理士およびこれ
　に準ずる者である訪問者が、対象者の家庭を訪問し、対象者およびその家族に対して、一
　定のアセスメント（状況・状態像・要求などの把握）に基づいて、訪問の構造（時間、場
　所、関係性、活動内容、安全性など）を調整しながら、臨床心理学的支援を行うこと」（吉
　井，2017）です。このような長年の経験をもとにして、アキさんの事例も創作しました。

とにしました。

　アキさんは、最初は警戒していて部屋から出てきませんでしたが、その学生はアキさんと会えなかった日もアキさんの好きなキャラクターについてクイズを残してくれていたので、アキさんもそのクイズには興味をもち、その学生が帰ってからうれしそうに解いていました。そのうち、少しずつ学生の前に顔を出すようになり、一緒にゲームをすることが楽しくなってきました。3年生の終わりくらいまで訪問を続けた後、母親が教育支援センターに行ってみることを提案すると、「行ってみる」と言うようになりました。

　小学4年生になって教育支援センターに通うようになりましたが、初めて行ったときには部屋に入ることすらできませんでした。ただ、教育支援センターにもボランティアの大学生がいて、その学生から声をかけてもらうと少し安心した様子でした。そこで、その学生と一対一で過ごす時間をもつことから始めると、少しずつ職員とも話せるようになってきました。また、その教育支援センターに通う子には同じ学年の子はいませんでしたが、アキさんが好きなアニメやゲームをその子たちも知っていたこともあり、少しずつ話ができるようになってきて、教室に行くのを楽しみにするようになってきました。

　この頃まで学校に行かなくなった理由ははっきりわからなかったのですが、少しずつ、ドッジボールが苦手なので友達からいつも当てられてばかりいたこと、鬼ごっこをするとよくわからないけどいつも鬼ばかりにさせられていたことを話してくれました。「先生には言わなかったの？」と聴くと、「先生は僕の味方をしてくれないから……」と答えました。そして、授業中に発表しようとしても先生が当ててくれなかったこと、運動会の練習では「なんでできないの？」と何度も言われたと話しました[12]。

## 2) つながりにおける訪問の役割

　アキさんの事例では、大学院生の訪問をきっかけとして教育支援センターに

---

12　実際に担任が手を上げても当てなかったのか、運動会の練習でそのように言ったかどうかは慎重に検討する必要がありますが、本人にはそのように感じられたことが大切です。本文にはあまり触れていませんが、第1部で述べたように教師によるいじめも起こりうることも認識しておく必要があります。アキさんの事例で挙げた行為は、少なくとも川上（2022）が述べるところの「教室マルトリートメント」にはあたると思われます。

つながり、教育支援センターでも学生との関わりから教育支援センターの他の子どもたちや職員との関係に広がっています。そして、そのような他者とのつながりができはじめて、ようやく「本当のところ」を話すことができています[13]。アキさんのように、友達や先生に対する不信感や恐怖感があると思われる事例では、学生のような大人でありながら子どもの側面をもつ者との関わりが重要な意味をもつことがあります。

　吉井（2017）は、訪問者の役割について、恐怖心や孤独感を和らげて安心感や信頼感を抱かせる役割、寄り添う身近な心理的な支えとしての役割、外界への橋渡しへの役割があると述べており、これまでの訪問事例から導き出された関わりのポイントを「不登校の子どもへの訪問十二の技」という形でまとめています（表9-1）。この十二の技の一つひとつのポイントの詳細については、ここでは触れませんが、アキさんの事例でもこの十二の技にあがっている関わり方が功を奏しています。学生が「会えない」時間を共に過ごし、関わろうとし

### 表9-1　不登校の子どもへの訪問十二の技

| | |
|---|---|
| 技 1 | ・安心基地に入れてもらう |
| 技 2 | ・さわやかな風を吹き込む |
| 技 3 | ・沈黙から脱する |
| 技 4 | ・機が熟すまで待つ |
| 技 5 | ・会えない時はこころを渡す |
| 技 6 | ・明かりを灯しながら共に歩む |
| 技 7 | ・共にいること |
| 技 8 | ・こころの傷に触れる |
| 技 9 | ・「小さなアーティスト」としての子どもの表現を味わう |
| 技 10 | ・「弱さ」を受け入れることによって「しなやかな強さ」が得られる |
| 技 11 | ・現実への橋渡し |
| 技 12 | ・こころの栄養を届ける |

吉井健治（2017）．不登校の子どもの心とつながる―支援者のための「十二の技」．金剛出版．

---

13　今回の事例のように、後々時間が経過してから、いじめのエピソードが語られる場合もあります。いじめのエピソードが語られにくい理由の1つとして、ASDのある子どもたちが複雑な状況について説明することに苦手さがあることに加えて、安心・安全が保たれていない状況では語られにくい点があげられます。

たことで、いじめの経験の中で人とつながることが困難になっていたアキさんと「つながる」心の扉をノックすることができたのではないかと思われます。

## (2) 小集団での関わりから「つながれた」ヒカリさん

### 1) 事例の概要とエピソード

　ヒカリさんは、中学校時代にひどいいじめにあって学校に行けなくなり、進学の際にいろいろ迷った結果、通信制の高校に通うことにしました。通信制の高校では何とかスクーリングには行けていましたが、他の生徒と関わることがなく、同年代の子たちとの関わりがもてないことを保護者は心配していました。高校2年生になって少し学校生活も落ち着いてきた頃に、発達障がいのある子どもたちのグループ活動の情報[14]に保護者がたどりつき、ヒカリさんを連れていきたいと思いました。ただ、主治医からは本人の意思が大切なので無理矢理連れて行ってはいけないと言われていました。本人の意向を聞くと、「自分もこのままではダメなのはわかっているから行ってみる」と話しました。

　このグループ活動に参加したヒカリさんは、最初はグループに入ることはできずにスタッフと過ごすことが多かったのですが、次第に一緒にグループの子たちと座っていても大丈夫になってきました。一番参加しやすかったのは、ボードゲームをする時間でした。そのボードゲームはヒカリさんが好きな配信動画でもやっていたので、「見ているだけでも楽しい」と家に帰ってから話すこともあったそうです。そして、スタッフの誘いもあって、少しずつそのボードゲームに参加できるようになりました。また、話し合いなどの場面で意見を求められても最初はうつむいてしまうことが多かったのですが、何回か参加するうちに筆談でやりとりできるようになり、自分の意見も伝えられるようになりました。

　さらに、そのグループでは一緒にご飯を食べに行ったり、旅行に行ったりするなど外出する活動もしていたのですが、なかなかそこには参加できずにいました。あるとき、ヒカリさんから「みんなと一緒にご飯を食べに行ってみた

---

14　例えば、放課後等デイサービスや親の会などで、この事例で紹介したようなグループ活動を行っている場合があると思われます。

い」と言い始めました。スタッフとしてはハードルが高いと考えていたため、スタッフからヒカリさんに、まずは一緒にでかけてみることだけを目標にしてはどうかと提案しました。そして、もし一緒に食事をしてみようと思ったら教えてほしいことを伝えました。

　最初はヒカリさんとよくやりとりをするメンバーと一緒にグループを組んでカフェに行ったのですが、そのカフェに入るときに立ちすくんでしまいました。しかし、何とか入ることはでき、何も言わずに、何も食べずに、という状態ではありましたが、スタッフの側にいることができました。終わった後に、スタッフとヒカリさんとの間で、最初に立てた目標は達成していることを確認しました。月1回くらいのペースで食事に出かける活動に参加してみるかどうか本人に確認したところ、積極的に「行きたい」と言葉にできないものの、何回かグループについていくことができる体験を重ねました。

　そのような経験を重ねた後に、本人が食べたいものもあり、家族と一緒に食べに行ったことのあるファミリーレストランに他のメンバーと一緒に行くことにしました。そのファミリーレストランでは自分で注文することはできなかったのですが、他のメンバーがヒカリさんの食べたいものを聞いてくれると食べたいものを指さすことはできたので、他のメンバーが代わりに注文してくれ、一緒に食事をすることができました。その経験をしてから、外に出る活動にも積極的に参加するようになり、小さな声ですが聞き取ることができる声で、他のメンバーに必要なことを伝えられるようになってきました。

### 2）小集団で「好き」や「したいこと」を共有することの意味

　吉川（2022）はASDの特性の根っこあるものとして以下の3つを挙げています。

- 人づきあいが行動の動機になりにくいこと
- 好きなものが増えにくいこと
- 嫌いなものが増えやすいこと

　いじめのように周囲との関係の中で傷ついてきた経験のあるASDの子どもたちは、さらに上記のような傾向が強くなっている可能性があるでしょう。そ

して、ASD の診断がない子どもたちの中にも、周囲との関係の中で傷ついていれば他者とのつながりが断たれた状況になりやすいため、上記のような傾向がみられる場合も少なくないのではないかと考えます。

　そこで、今回紹介した小集団での活動のようにスタッフがサポートしながら、他者との「つながり」を増やすことが望まれます。小集団での活動の中で、自分の「好き」と他者の「好き」が交差するような経験を重ね、「楽しい」を共有し、好きなものに広がりがみられる中で、少しずつ人づきあいが行動の動機になっていくといった好循環を生んでいくことが大切です。

　また、ヒカリさんの事例では、実現可能な目標を段階的に立てていき、一つずつ具体的な成功体験を積んでいくことで、人と関わることや人と関わる可能性がある場所への恐怖感や不安感を少しずつ軽減することができています。恐怖感や不安感があるから全てを回避してしまうのではなく、本人とも話し合いながら、不安を感じても大丈夫な方法をいろいろと見つけていくことが大切です。

## 4　おわりに

　この章では、4つの事例をあげて、発達障がいのあるいじめ被害を受けた子どもへの心理支援について述べてきました。「はじめに」でも少し書きましたが、ここではよりリアルに事例を感じていただきたかったので、理論的な説明をするよりも、事例の中に具体的な支援のエッセンスを織り込むように工夫しました。そのため、理論的な説明が若干少なく、わかりにくい部分も生じたかもしれませんが、各事例から支援のエッセンスを感じ取り、目の前の子どもたちへの支援に活かしてもらえたらと思います。

文献

American Psychiatric Association (2013). Diagnostic and statistical manual of mental disorders, 5th ed., Washington, DC.（高橋三郎・大野裕監訳　染矢俊幸・神庭重信・尾崎紀夫・三村將・村井俊哉訳（2014）．DSM-5 精神疾患の診断・統計マニュアル．医学書院．）

Gray, C. (1994). Comic Strip Conversation, Future Horizons Inc.（門眞一郎訳（2005）．コ

ミック会話―自閉症など発達障害のある子どものためのコミュニケーション支援法．明石書店．）

川上康則（2022）．教室マルトリートメント．東洋館出版社．

小倉正義（2020）．不登校の子どもたちへの支援―訪問臨床の実践から．徳島県精神保健福祉協会「めんたる・へるす」，69，18-23．

吉井健治（2017）．不登校の子どもの心とつながる―支援者のための「十二の技」．金剛出版．

吉川徹（2022）．強度行動紹介の背景にあるもの，予防のための工夫．日詰正文・吉川徹・桶端佑樹編　対話から始める脱強度行動障害．日本評論社．

第**10**章　　　　　　　　　　　　　　小倉正義・飯田 愛

# いじめ加害者への心理教育

　第1部でも述べましたが、発達障がいのある子どもたちもいじめ加害者になる場合もあります。そして、加害者へのアプローチも、それぞれの発達障がいの特性を配慮しながら行うことが必要です。

　本章では、被害者への心理支援と同様に、3つの事例を通して、発達障がいのある子どもが加害者になったときのアプローチの仕方について、心理教育を中心に具体的に考えていきたいと思います。第9章と同じく、事例は架空事例ですが、筆者たちが出会ってきたさまざまな子どもたちに共通する要素を考えて作成しました。できるだけリアルに伝えるために、実際の事例であるかのように記述しています。

## 1　自分の話を聴いてほしかったテルさん

### (1) 事例のエピソード

　テルさんは小学2年生の男の子です。友達と遊んだり仲良くしたい気持ちが強く、自分から積極的に声をかけますが、テルさんの好きな昆虫や電車の知識を自分のペースで語り続けたり、相手が「わからない」といったり興味がなさそうにしていると怒ってしまうため、いつも一方的なコミュニケーションになってしまいます。

　ある時期から、テルさんはクラスメイトであるタカシさんと仲良くなりたいと積極的に関わるようになりました。大人しいタカシさんはテルさんの一方的なお喋りを黙って聞いてくれる上に、途中でさえぎることや「余計な」質問もせず、テルさん自身は気持ちよく話ができているためか、タカシさんのこと

を親友だと認識していました。はじめはテルさんの興味関心に合わせた遊びや話題に付き合っていたタカシさんも、次第にテルさんを避けるようになりました。テルさんは「話しかけても無視されている」「自分以外の友達とばかり遊ぶタカシさんはいじわるで、仲間外れにしようとしているに違いない」と感じ始め、タカシさんに対して「タカシさんのせいで人生終わりだ」「他の友達と遊ぶなら絶交するよ」と一方的にののしるといった行動が増えていきました。本人はこっちを向いてほしいという思いで言っているのですが、タカシさんはそんなテルさんに恐怖を感じ学校を休みがちになりました。

　担任がタカシさんの家に家庭訪問をして学校に来なくなった理由を問うと、タカシさんは言いにくそうにしながらも「テルさんから怖いことを言われる」と話しました。一方で、テルさん自身は、タカシさんが学校に来ない理由に気づいていない様子でした。タカシさんが来れなくなったことで、テルさんはクラスの中で孤立していました。

## (2) 心理教育を含めた介入について

　テルさんは、語彙も知識も豊富で一方的なお喋りは得意ですが、相手や状況にあわせて話題を選んだり、相手の表情や反応[2]を見て調整したりすることが難しく、双方向のコミュニケーションの苦手さがあると考えられました。また、暴力をふるうようなことはなかったものの、今回の出来事もそうですが、一度怒りのスイッチが入るとおさまりにくいことも課題として考えられました。

---

1　もちろん質問は会話を深めるためにはとても大切な機能を果たしていますが、テルさんは相手との間で会話を深めることよりも、自分が話したい話を聞いてほしいという気持ちが強く、双方向的なコミュニケーションをとることがまだ難しい段階であったため、「余計な」というふうに捉えていました。自閉スペクトラム症のある子どもたちは、（「余計な」と感じるかどうかは別にして）このような双方向的なやりとりが苦手なためにトラブルが生じることが少なくありません。

2　今回の場合は、タカシさんが直接的に言葉にしなかった、うんざりしている／嫌がっている／興味がない／怖がっている、といったことを示す表情や反応のことを指します。このような非言語的なメッセージを読み取ることは、テルさんは非常に苦手にしていました。

　保護者に小学校入学前の様子を聞いたところ、テルさんは保育園の頃から友達はできるものの、自分の思い通りに遊べないと怒ってしまい、集団行動が苦手で自分のペースで進めてしまう、といった行動がみられ、友達ともめることがあったこと、運動会や発表会などの場面ではいろいろな理由で大泣きしてしまうことが多かったことなどが語られました。学校でもグループワークや学級での話し合いでは自分の主張を通そうとする傾向がみられ、話し合いを進めるためには教員の介入が必要でした。

　担任を中心に学校と家庭の間で丁寧に話をして、今回の行動はいじめ行為であり許されることではないが、その行為に対して注意や指導をするだけではテルさんの行動の改善にはつながらないため、テルさんの特性をふまえたうえで、これからのテルさんの対人関係を豊かにする方法を一緒に考えることを確認しました。そのために、まずはスクールカウンセラー（以下、SC）と連携しながら進めていくことにしました。

　まず、SCとテルさんが毎週会える時間を設けて、話すときの適切な速度や相手への話題の振り方、相手に対する質問の仕方や相槌の打ち方、姿勢や視線の向け方といった話の聞き方の基本を具体的に教えていきました。

　その上で、SCとの面接で学んだことを学校でも実践ができるように、担任が学級の中で声かけを行いました。特にグループワークや係活動など小集団での活動の際は、自分の意見が通らず怒り出したり、相手を一方的に非難したりするトラブルはその後も頻回に起きましたが、その都度[3]、担任との間で丁寧にテルさんの思いや、その思いを相手に伝えるための適切な言葉の選び方を確認することで、テルさんは自らの言動を振り返る力を少しずつ身に付けていきました。担任もテルさんの不適切な言動に対し反省を促すだけでなく、「今度は○○と言えるといいね」「○○よりも△△と言った方が友達に伝わるよ」と具体的な助言を行いました。また、テルさんが適切な関わりができたときには、その場で本人にフィードバックする[4]ことで、テルさんが落ち着いてクラ

---

　3　テルさんが落ち着くまでに時間を要するときには、そのときに話をするのではなく、怒りや興奮がおさまってから話をすることが大切でした。
　4　ただ褒めるだけでなく具体的に何が良かったかをわかりやすい言葉で伝えていくなどの方法をとります。

スの活動に参加する機会が増えていきました。

　そして、もう1つの課題である怒りとの付き合い方についても SC との間で扱うようにしました。具体的には、怒りを含めた、さまざまな気持ちとうまく付き合うための心理教育[5]を始めていきました。その中で実践したことの1つが、「怒りのレベル表」（図 10-1）の作成です。テルさんの場合、まるで瞬間湯沸かし器のように急に怒りが爆発するように見えていましたが、レベル表を作成する中で怒りが爆発する（レベル3）前に小さなイライラやモヤモヤ、ムカッ

テルさんのイライラレベル表

| | どうなる？ | どうする？ |
|---|---|---|
| 3  | ・「うるせえ！」と言う<br>・教室から出ていく | ・ろうかにひなんする（先生は声をかけない、学校の外には出ない）<br>・自分の部屋でひとりですごす |
| 2  | ・命令口調になる<br>・耳をふさぐ<br>・勉強ができない（集中ができない） | ・別室にいって休む<br>・ぬいぐるみをギュッとする<br>・ふとんにくるまる |
| 1  | ・物をバン！と置く（物の扱いが雑になる）<br>・びんぼうゆすりをする<br>・うるさいことが気になる | ・お茶を飲む<br>・グミを食べる<br>・シュワシュワしたもの（炭酸）を飲む<br>・動画を見たり音楽をきく |
| 0  | ・すわって授業を聞ける | |

家庭で／学校でできることをそれぞれ挙げる。「別室でクッションを叩く」など①本人が傷つかない②他者が傷つかない③ものを壊さない、場合はセーフにしている。

なるべく本人の言葉そのままの表現を使う（周囲から見た客観的な様子や変化も本人に伝えて記入する）。

図 10-1　怒りのレベル表

5　気持ちとうまく付き合うための心理教育については、さまざまな書籍が出ていますが、辻井他（2018）、辻井他（2019）でも、気持ちと上手く付き合うためのさまざまな方法を紹介していますので、ご参照ください。

とくる気持ち（レベル1~2）があることに気づくことができました。そのサインに気づき、怒りが爆発する前に別室でクールダウンを行ったり、小さなイライラであれば冷たいお茶を飲んでみたり、イヤーマフをつけて不快な周囲のザワザワした音を遮断したりすることで、次第にテルさんは怒りと上手く付き合うコツをつかんでいきました。また、家庭ではきょうだいに対して手が出てしまうこともあったため、家でも同じレベル表を使い、気持ちの切り替えのタイミングや対処方法を保護者とも共有しました。

　テルさんは、そのようなソーシャルスキルを学ぶ中で、少しずつタカシさんの気持ちに目を向けることができ、タカシさんに謝りたい気持ちがでてきました。

　保護者と担任、SCとも面談を重ね、テルさんが学ぼうとしていることも細かく伝えていきました。保護者は、最初の頃はテルさんにきつく叱ったり、逆に「うちの子が悪いわけではないのではないか」と話していましたが、少しずつ、子育て上の悩みをSCに相談するようになりました。その中で、医療機関を受診し、自閉スペクトラム症（以下、ASD）の診断を受け、放課後等デイサービスも利用するようになりました。そこで、テルさんはお互いに「友達」と呼べる関係を見つけ始めたようでした。

## (3) テルさんの事例のまとめ

　ASDのある子どもたちの中には、テルさんのように言葉の発達に遅れはないものの会話のキャッチボールが苦手であったり、状況や相手を無視して自分の意見や気持ちだけを主張し押し通そうとしてしまったりする子どもも少なくありません。今回はテルさんのそのような特性が、本人にはそのようなつもりはありませんでしたが、タカシさんへの加害という形で出てしまいました。このような場合、テルさんの行動を制限したり、二度とやらないように約束させたりするだけではうまくいかないことが多く、どのような関わりが適切なのかを具体的に学んでいく必要があります。

　また、テルさんへの心理教育では、怒りの気持ちとの付き合い方のみを扱っていますが、いきなりネガティブな気持ちを扱うことが難しい場合もある点にも留意しておく必要があります。もし、ネガティブな気持ちを扱うことに強い

抵抗感があったり、そのことで状態が悪くなったりする場合には、まずはさまざまな気持ちがあり、気持ちには程度があることを知ること、楽しい、嬉しいといったポジティブな気持ちから扱っていくことが求められます。

## 2　正義感からやり過ぎてしまったマコトさん

### (1) 事例のエピソード

　マコトさんは ASD と注意欠如多動症（以下、ADHD）の診断を受けている小学 5 年生の男の子です。

　低学年の頃は授業中に離席をしたり、友達に手が出てしまったり、曲がったことが嫌いでルールや規則を守らないクラスメイトを強く注意してもめてしまう、といったトラブルが絶えませんでした。しかし、高学年になりトラブルが減ってきました。もともと元気がよく明るい性格なこともあり、好きなゲームを通じて仲良くなった友達もいました。

　ある日、マコトさんの特に仲の良かった友達に対して他の子が冗談でからかいながら叩いたとき、マコトさんが突然その児童に殴りかかりケガをさせてしまいました。マコトさんとしては「いじめられている友達を助けよう」と思っての行動でしたが、当人同士はいじめている／いじめられているとは感じていませんでした。マコトさんは先生や保護者から殴ったことを厳しく注意されましたが、納得がいかず、その子に謝ることはできませんでした。

　納得がいかないマコトさんは、その後もその子にきつくあたることが多かったようですが、周囲の子どもたちはマコトさんに何も言えないでいました。この件があってから、少し後に実施されたいじめのアンケートで、マコトさんの名前が上がってきました。このアンケートを踏まえて、担任がクラスの子どもたち一人ひとりに事情を尋ね、マコトさんの言い分も十分に聞いたところ、マコトさんの状況の読み誤りや思い込みにより生じたトラブルではないかということがわかりました。

## （2）心理教育を含めた介入について

　マコトさんは ASD の特性から、状況をうまく読み取れず、他の児童が「冗談」で言った言葉や行動をそのままストレートに受け止めてしまいがちでした。特に、「冗談」で悪口を言う、冗談で「いじる」といったことは理解が難しいようでした。これまでは大きなトラブルにならなかったものの、マコトさんがなぜ怒っているのか周囲が理解できずに、少し引いてしまうこともあったとのことでした。今回の出来事でマコトさんは、特に仲の良かった友達がからかわれ叩かれていると認知したことを発端に、その正義感の強さや衝動性の高さも相まって、暴力を振るってしまいました。また、自分は間違っていないのに、先生や保護者から叱られたという思いが強く、叱られた後もその子に強くあたってしまっていたようです。

　担任は、マコトさん自身の友達を助けようとした気持ちは尊重しつつ、実際の状況（当人同士は冗談であると受け取っていること）を丁寧に説明しました。また、もし友達を助けようと思ったときは、暴力ではなく言葉で伝え、それでも解決が難しい場合は先生に報告することを確認しました。

　休み時間によくトラブルが生じていたため、しばらくは担任や管理職が交代で休み時間の様子を観察したり、一緒に遊んだりするように心がけました。そして、マコトさんが適切に友達と関われているときには、それをマコトさんにフィードバックするようにしました。それ以降、マコトさんは怒りそうになったらまず担任に確認するようになり、その度に担任はやり方をいくつか提案し、マコトさんが自分で良い方法を選べるようにしました。

　マコトさんは、対人場面でどのように振る舞えばよいのかを知識としてはおおよそ理解し、普段は実践できていました。また、思ったことをすぐに口に出してしまうような衝動性はありつつも、ゲームなど共通の話題がある集団では、場を盛り上げたり攻略方法を友達に熱心に教えたりする姿がみられました。そのため、コミュニケーションの方法を教える際も一つひとつ細かく示すのではなくいくつかの選択肢を提示し、マコトさん自身が考えて選ぶことで、成功体験を積み重ねていけるよう支援を行いました。

　例えば、友達がいじられている場面では、①その場で手を出すのではなく、

言葉で止める、②すぐには止めずに友達の様子をみてみる、③イライラが高まり暴力をふるう前にその場を離れる、など暴力以外の選択肢を提示しました。もちろん状況や相手によるため必ずしも正解があるわけではありませんが、1つずつ経験を積み重ね、マコトさんの衝動的な行動は次第に減少していきました。他にも、友達と意見がぶつかり合うような場面では、相手のことを尊重しながらも自分の考えを適切に伝えるための方法を練習しました[6]。こうしたスキルを身に付けていく中で、マコトさんが状況を誤読して突然怒ることはほとんどなくなり、周囲のマコトさんへの恐怖感も薄れていきました。

## (3) マコトさんの事例のまとめ

ASD のある子どもたちの中には、マコトさんのように強い正義感をもって行った行動が、場違いな行動であったり、行き過ぎた行動であったりして、周囲から理解されなかったり、ときにはいじめの加害者になってしまうこともありえます。まずは、本人の強い正義感から行った行動であることが認められたうえで、それ以外のやり方で本人がより適切な方法を学習していき、成功体験を積むことが肝要であると思われます。

もし、本人から見えている世界を全く考慮することなく、介入を進めてしまうと、本人も自分の捉え違いに気づくこともなく、上手なコミュニケーションの方法や、気持ちとの付き合い方について学ぶ機会を奪われてしまうでしょう。それにより、ただただ認められない気持ちが強くなり、暴力や強さが1つのコミュニケーション手段になってしまう危険性もあります。

---

6　相手のことを尊重しながら自分の考えを適切に伝えることをアサーション、そのためのトレーニングはアサーション・トレーニング、アサーティブネス・トレーニングと言われ、わが国でもさまざまな形で実践されており、教育センターのホームページなどで実践報告が多数なされています（埼玉県立総合教育センター、2010 など）。先ほど紹介した辻井他（2019）の書籍の中でも、気持ちの伝え方として扱っています。

## 3　「仲間」が欲しかったアキラさん

### (1) 事例のエピソード

　アキラさんは ASD と ADHD の診断を受けている小学 6 年生です。知的な能力が高く学習面でも力を発揮していましたが、担任やクラスメイトの発言の些細な言い誤りを指摘したり、解答を間違えた児童に対して「なんでそんなこともわからないの」と悪意なく発言したりすることから、クラスでは浮いていました。クラスメイトはアキラさんに対し「空気が読めない」「上から目線で自分勝手」と感じ、距離を置いていました。

　しかし、1 学期のある日、学校行事で行うクラスの出し物を決める際に担任が提案した内容に対して、ある男児が「そんな面倒なことやりたくない。やりたいやつだけでやれば」と発言し、アキラさんが「俺もやりたくない。なんで先生が勝手に決めるんだ」「どうして先生の言うことばかり聞かないといけないんだ。俺たちの意見を先生が無視している」とその発言に乗ったことをきっかけに、アキラさんを含めた男児数名が授業を妨害する状況が繰り返し起こるようになりました。授業中に大きな声でお喋りをする、担任の指示を無視する、トイレに行ったまま授業が終わるまで教室に戻ってこない、といった行動を数人で徒党を組んで行うようになり、アキラさんは初めて「仲間」[7]ができた感覚に悪い気はしないようでした。

　担任もなんとか状況を変えようと騒ぎの中心となっているアキラさんを指導しますが、名指しで注意を受けたことに腹を立てたアキラさんは「俺だけ注意するのはおかしい。なんで他のやつには言わないんだ」「先生のせいでやる気がなくなる」「授業を止めているのは先生の方だ」と主張し担任を責めたてました。卒業を控えクラスのまとまりを大事にしたい担任の思いとは裏腹に、アキラさんたちの行動はエスカレートし、担任に対して直接的な暴言や指導に反抗するような行動が目立つようになりました。そのようなときは、隣のクラス

---

7　これまで誰かとつながることができた経験が少ないほど、この同じ行動を共にすることができる、いわゆる「仲間」感覚は強いものになると思われます。

の担任や学年主任が制止に入りその場は収まるものの、またすぐに騒がしくなりました。

　この時期、担任は一部の教員から「同じフロアのクラスが授業にならないので困る」「専科の授業でも子どもたちの落ち着きがない。担任としてきちんと指導してほしい」「6年生の担任をもつのは早かったのではないか？　指導力不足ではないか」と指摘を受けたことで周囲に相談ができずにいました。事態はみるみるうちに悪化し、最終的には他の教員が入らなければ授業が成立しない状況となりました。

　あるとき、アキラさんがカッとなり物を投げた際に担任がケガをしてしまったことを機に、初めて保護者に連絡がいくこととなりました。学校からの報告を受けた保護者は困惑し、アキラさんと一緒にSCのもとへやってきましたが、本人はしぶしぶといった様子で納得のいかない表情のまま黙り続けていました。

## (2) 心理教育を含めた介入について

　アキラさんの場合、初めはSCに対しても不信感を抱き、「自分でも "わかっている"[8]から、関係ない人に言われたくない」と介入に対し拒否的でした。実際に、保護者や担任のいない場で個別にゆっくりと話を聞いてみると、騒いで授業を妨害することや授業を抜け出すことはよくないと十分に理解しており、結果的に周囲からの評価が下がっていることにも気づいていました。それでも行動を変えない理由について尋ねると、「授業中でも友達から話しかけられたときにすぐ答えないと "無視した" "ノリが悪い" って言われるからどうしていいのかわからない」と話してくれました。

　アキラさんが語るには、これまで友達と呼べる人はおらず、1人で過ごすことに特に寂しさや心細さは感じなかったものの、今回一緒に過ごす仲間ができたことで、悪いこととはわかりつつもその関係をどうすれば維持できるのか、

---

　8　このような状況の中で、子どもたちはよく「わかっている」という言葉をよく使います。大人はそれに対して「わかっていない！」と否定して叱ってしまいがちです。子どもの「わかっている」という言葉をそのまま捉えることがよいわけではありませんが、まずは本人の思う「わかっている」に耳を傾けてみる必要があるでしょう。

どこまで合わせればよいのかに迷いや戸惑いを抱えているようでした。

　また、担任が状況を改善しようと集団の中心となっているアキラさんを指導したことについて、アキラさんは「みんな同じことをしているのにどうして自分だけ言われるのかと思うと納得がいかない」「いつも自分ばかり責められる」と語りました。実は、周りの子どもたちは「教頭先生がいるときには静かにしていよう」「さすがにこれはやりすぎかな」と相手や状況をみて上手く立ちまわっていたのですが、アキラさん自身はそのことに気づいておらず、どのような状況でも同じように振る舞っていたため、一番目立っていたのです。こうした状況判断の苦手さが、余計に事態を難しくしていました。

　このような本人の訴えを聞いた中で、SC はまずはアキラさん自身が友達との関係の中でどのような戸惑いや不安を抱えているのかを丁寧に聞き取ることから始めました。一緒に過ごす仲間ができ学校に来ることが楽しくなった一方で、成績が伸び悩み不安を感じていたこと[9]、クラスメイトや仲間の前で一方的に注意や叱責をされたことに対して怒りが湧き、自分でもコントロールできないことが語られました。

　実際にアキラさんは担任に対して「何かひどいことを言った」ことは覚えていても内容までは覚えておらず、感情的にののしったり物に当たったりしていたようです。このことにアキラさん自身も困惑していました。また、保護者の話を聞く中で家庭でも感情のコントロールができずに保護者やきょうだいに対し暴言や、ときには暴力が出ていることがわかりました。小学校卒業を控えていたため、学校と保護者で相談し、本人へ説明し同意を得た上でそれまで不定期であったかかりつけ医への受診を定期的に行うことになりました。かかりつけ医からの提案で抗 ADHD 薬[10]の服用が始まりました。アキラさんも自身の

---

9　実は、担任から「"仲間"といるようになってから成績が落ちている。仲間と一緒にいることがあなたのためにならないのでは」と指摘を受けたこともあったようでした。そのことも納得がいかず、成績が落ちているのは先生の教え方が悪いせいだと思うようにしていたと後で語られました。

10　2022 年 9 月時点では、メチルフェニデート徐放錠（コンサータ®）、アトモキセチン（ストラテラ®）、グアンファシン徐放錠（インチュニブ®）、リスデキサンフェタミン塩酸塩カプセル（ビバンセ®）が承認されています。すべて ADHD の中核症状を軽減させる薬剤ですが、それぞれ異なる特徴をもっていることに留意する必要があります。

衝動性をコントロールできるようになりたいという強い思いがあったため、嫌がることなく服薬するようになりました。

　アキラさんへの個別の心理支援が進んでいるのと同時進行で、学校では管理職の要請で教育委員会の指導主事も関わってもらうことになりました。担任が抱えていた困難感を他の教員が共有したり、サポートしたりすることの重要性を教職員研修で確認したり、6 年生の担任や特別支援教育コーディネーターを中心にクラスへの介入の検討会が定期的に行われました。

　そのうえで、アキラさんも含めたクラスへの介入が行われました。共通のルールとして、集団生活の中で不適切な言動があった際の指導は、クラスメイトの前では行わず個別に落ち着いた環境で話すようにしました。まず、その児童の考えや思いを十分に聞き、そのうえでやってはいけなかった行動、代わりにどうすればよかったかについて確認をしました。そして、指導にあたる教員間では、アキラさんやその他の目立った行動がみられる児童の性格や人格を否定するような指導は行わず、あくまでも行動に注目し、本人がどうすればよいかわかるような指導を行いました。担任による個別の指導が難しいときには、昨年度までの担任やクラブの担当など、児童一人ひとりの特性を共有しやすい教員が代わりに話をしました。また、それぞれの得意なところも教職員間で整理し、教室や部活動、掃除など、さまざまな場面で責任のある役割をもってもらうようにしました。子どもたちは、始めは文句を言いながらやっていましたが、言葉ほど嫌そうな様子が見られず、いわゆる 6 年生としての自覚も感じられるようになりました。クラス全体としても、騒がしさはあるものの、どちらかというと「元気なクラス」という印象がもてるように変化してきました。

　クラスの中でもこうした取り組みが続けられる中で、アキラさんも落ち着いて自身の行動を振り返ったり、授業に参加したりすることが増えていきました[11]。

## （3）アキラさんの事例のまとめ

　子ども同士の「いじめ」とは少し状況が異なりますが、第 1 章でも触れたよ

---

11　この頃、服薬の効果も表れはじめていたと考えられます。

うに子どもたちから教員への「いじめ」も起こりえます。対象が教員であっても いじめは許されることではありませんし、子ども同士のいじめと同様に被害者・加害者の双方に支援が必要です。今回、被害者である担任が同僚から非難されることによって、さらに被害を受け、担任自身も本来の指導力を発揮できるような状況ではなくなったと思われます。本来は、このような学級崩壊と思われる状態が起こっている場合には周囲からのサポートは必須なはずですが、今回はサポートを得られるどころか、非難される状況であったわけです。少し引いてみれば、このような状況は起こりえないように感じられるかもしれませんが、実際まさにその場にいると、教員とはいっても視野が狭くなってしまい、負の連鎖が起こりやすくなるのです。少しでも負の連鎖が起こり始めていると感じられた場合は、SCやスクールソーシャルワーカーだけでなく、教育委員会の指導主事や医療機関、外部専門家なども積極的に活用し、そのクラスだけでなく、学校全体の支援体制の見直しも行えるとよいでしょう。もちろん、保護者にも関わってもらうことも重要な要素です。アキラさんの事例では、本人を中心に担任・保護者・SC・管理職や特別支援教育コーディネーターを含め他の教員・指導主事・かかりつけ医が有機的に連携しチームとなって取り組むことで、小学校卒業～中学校入学までの環境の変化が大きく不安定な時期を支えることができたと思われます。

　話題が変わりますが、アキラさんのように思春期に入り、それまではあまり友達関係に興味を示していなかったASDのある子どもたちの中にも「友達が欲しい」「恋人が欲しい」「仲間が欲しい」など他者とのつながりを強く求め始める場合もあります。そのような時期に、他の子どもたちと趣味を共有したり、部活動で協力し励ましあったり、より良い人間関係の経験を積み重ねていけるとよいのですが、対人コミュニケーションの苦手さからいじめ（被害・加害ともに）や軽犯罪に巻き込まれてしまうケースもみられます。アキラさんの事例でも、仲間意識の芽生えと間違った成功体験とが重なり、「先生いじめ」へと発展してしまったと考えられます。このような状況を防ぐためには、友達が欲しいという気持ちが芽生えた段階で、「友達とは何か」ということから始まり、具体的な友達づくりのためのソーシャルスキルを伝えることが大切です[12]。また、一度間違った成功体験を積み始めた場合には、「友達が欲しい」

と思っていることを大切にしながら、本人の捉え方を丁寧に聴き取り、少しずつ視点を変えることができるように介入し、「本物の」成功体験を得ることができるようにサポートすることが重要だと思われます。

## 4　おわりに

　3つの事例で示したように、発達障がいの特性がいじめ加害という行為に直接的につながっているわけではありませんが、その背景には発達障がいの特性が絡んでいる場合が少なくないと思われます。そして、加害者への心理教育を考える上では、発達障がい特性を十分に考慮して行う必要があります。テルさん、マコトさん、アキラさんに、ただただ強く指導したり、繰り返し反省文を書かせたりしたとしても、そこから本人たちが得るものは少ないでしょう。

　もちろん、いじめに該当する「やってはいけない」行為を厳しく注意・指導することは大切ですが、「やっていけない」行為を注意・指導するだけでは最終的には友達との関わり方がわからずに周囲からの孤立を招いてしまうこともあります。また、「大人はどうせわかってくれない」という思いが強くなり、ネガティブな思考をするようになったり、行動がエスカレートしてしまったりする場合もあると考えられます。そして、このように行動がエスカレートすると、「わかってくれない」教員や保護者にも反抗的になり、場合によってはアキラさんのように大人にも手を出してしまうことや、犯罪と呼ばれる行為に手を染めることにもつながりかねません（図 10-2）。

　このような悪循環を起こさないようにするためには、繰り返しにはなりますが、まずは本人がどのように感じているのかを理解しようと努めることが大切です。そのうえで、各事例で紹介したように、本人たちに必要な考え方やソー

---

12　ASD のある思春期・青年期の子どもたちのためのソーシャルスキルトレーニングとしては UCLA で開発された、PEERS®（Laugeson、2013；Laugeson, 2014 など）が科学的根拠の高いものとして挙げられます。友達づくりのためのエッセンスが詰まっており、「自分と合った友達を選ぶ」「からかい言葉・とまどい言葉への対応方法」「暴力的ないじめへの対応方法」「ネットいじめへの対応方法」など、さまざまなエッセンスが詰まっています。

シャルスキルを学ぶことができる環境を準備することが必要です。

```
やってはいけない行為
    ↓
教員・親からの厳しい注意・指導
    ↓
どうすればよいかわからない
    ↓
すぐにやめられない
    ↓
さらに厳しい注意・指導
    ↓
理解してもらえない気持ち増
自分を否定する気持ち増
    ↓
行動がエスカレート（暴言・暴力・犯罪）
```

**図 10−2　やってはいけない行為にまつわる悪循環**

文献

Laugeson, A. E.（2013）. The Science of making friends: Helping socially challenged teens and young adults. John Wiley & Sons Inc.（辻井正次・山田智子監訳（2017）．友だち作りの科学―社会性に課題のある思春期・青年期のためのガイドブック．金剛出版.）

Laugeson, A. E.（2014）. The PEERS® curriculum for school-based professionals: Social skills training for adolescents with autism spectrum disorder. Taylor & Francis Group LLC.（山田智子訳（2022）．PEERS 指導者マニュアル－友だち作りの SST【学校版】．金剛出版.）

埼玉県立総合教育センター（2010）．よりよい人間関係をはぐくむ「アサーション・トレーニング」指導プログラムの開発に関する調査研究〈最終報告〉 https://www.center. spec.ed.jp/cyousakenkyu（2022 年 9 月 1 日閲覧）

辻井正次監修　NPO 法人アスペ・エルデの会編　明翫光宜・飯田愛・小倉正義（2018）．6 歳児から使えるワークブック 1 発達障害の子の気持ちのコントロール．合同出版.

辻井正次監修　NPO 法人アスペ・エルデの会編　水間宗幸・小倉正義・髙柳美佳・木村紗彩・谷麻衣子・小川茉奈美・岡谷絵美（2019）．6 歳児から使えるワークブック 1 発達障害の子の気持ちの聞き方・伝え方．合同出版.

第 **11** 章　　　　　　　小倉正義・内海千種

# トラウマへのアプローチ

　いじめの影響は短期的・長期的にさまざまな影響を子どもたちに与えますが、その影響をトラウマという視点から理解することは非常に大切です。第2章でも触れましたが、発達障がい、特に自閉スペクトラム症（以下、ASD）があっていじめを受けてきた子どもたちの中には、いじめを受けているまさにそのときではなくて、随分と時間が経過してから影響が出てくるケースもあります。そして、そのような形でいじめが影響する場合には、そのいじめがトラウマとなっている場合は少なくありません。

　ただ、トラウマときくと、「トラウマは専門家に任せるべきではないか」という意見が出てくるかもしれません。確かにトラウマを受けた子どもたちには専門的なアプローチが必要ですが、トラウマを受けた子どもたちが多くの時間を学校で過ごすことを考えると、学校で関わる全ての人がトラウマを抱えている子どもたちの安心・安全を守るための関わりについて知っておくことは重要です。

　近年では、トラウマの影響を組織的な取り組みで軽減していこうとするアプローチが広く行われるようになってきており、このような取り組みの1つとしてトラウマインフォームドケア（Trauma-Informed Care：以下、TIC）があります。

　本章では、このTICについては詳しく述べませんが、TICの考え方をもとに、学校でできるアプローチについて述べていきたいと思います。

## 1　トラウマとは

本書でも第2章から「トラウマ」という言葉を使ってきていましたが、ここ

で改めてトラウマという言葉の意味を確認しておこうと思います。

　国立成育医療研究センター（2019）によると、トラウマとは「個人が持っている対処法では、対処することができないような圧倒的な体験をすることによって起こる圧倒的な心理的ストレス」のことをいいます。また、小野（2021）はもう少し感情に焦点を当てた捉え方をしており、トラウマは「強すぎる苦痛な感情を経験したことが原因で、感情をコントロールするための仕組みが、正常に作動しなくなってしまった状態」[1]のことと説明しています。

　トラウマの原因になるような出来事としては、表 11-1 のような出来事が挙げられています。ここでは、直接的には「いじめ」は書かれていませんが、いじめは暴力や強すぎる心理的苦痛を与える場合も少なくないことを考えると、いじめもトラウマの原因となる出来事として捉えることができますし、実際に児童期のトラウマの原因となる出来事として挙げられることもあります。また、ある出来事が与える苦痛や心理的ストレスの大きさは個人によっても異なります。第 2 章でも紹介したように ASD の子どもたちは比較的軽微だと思われる出来事であっても、トラウマ体験になるといわれています。このように同じ出来事を体験したとしても、子どもによってはトラウマとして残る場合もあれば、そうではない場合もあります。ただし、身体的な傷であれば周囲がその傷の程度を観察することはできますが、心理的な傷は当然のことながら、その

**表 11-1　トラウマの原因になるようなできごと**

| |
| --- |
| 戦争・人為災害・自然災害およびそれに関連した身体的外傷 |
| 子どもの虐待 |
| 暴力や犯罪被害：通り魔・誘拐・監禁・リンチ・暴力の目撃など |
| 交通事故：自動車・鉄道・飛行機事故など |
| レイプなどの性被害・年齢不相応な性的体験への暴露など |
| 重い病気・やけど・骨髄移植など |
| 家族や友人の死の直接的な体験、その他の喪失体験など |

国立成育医療研究センター（2019）.「子どものトラウマ診療ガイドライン」第 3 版　https://www.ncchd.go.jp/kokoro/news/to_torauma_Ver3.html（2022 年 9 月 1 日閲覧）

---

1　本書では詳しく述べませんが、小野（2021）の著書では、トラウマがあると感情をコントロールすることができなくなってしまうメカニズムについても説明しています。

傷が目に見えるわけではありません。そのため、周囲は自分の価値基準をもとに、その傷の程度を推しはかりがちです。ASD の子どもたちは、深く傷ついていたとしても、理解されることなく、トラウマの影響であらわれている行動が別の意味で理解されてしまうことも少なくないのではないかと考えられます。この点については、後からも触れていきます。

　また、トラウマには 1 回の衝撃的な体験で起こるもの（単回性トラウマ）と、さまざまな体験が重なって起こるもの（複雑性トラウマ）とがありますが、いじめは繰り返し行われることが多いことを考えると、このうちの複雑性トラウマとなる要素が強いと考えられます。

## 2　トラウマの影響のあらわれ方

　それでは、トラウマの影響のあらわれ方について考えていこうと思います。
　突然ですが、発達障がいの子どもたちの中に、以下のような行動を示す子どもたちはいないでしょうか？

- 友達から声をかけられるだけで、とてもネガティブに捉える
- 注意されたり、何か自分のことを言われたりすると、すぐにキレる
- 周囲には理由がわからないことで、突然友達や教員に対して感情的になる
- 怒りをおさめることができずに、暴言をはく・暴れる
- リスカットをしたり、頭を叩いたり、ぶつけたりするなど自分のことを傷つける

　いかがでしょうか？　上述したような行動をとる子どもたちは、発達障がいの子どもたちの中には比較的多いと感じられるかもしれません。しかし、このような行動は発達障がいの診断基準に含まれているわけではありません。
　このような行動に対応するためには、まずは環境との相互作用を考えることが大切です。しかし、その行動のきっかけとなるような環境要因を探してみても、なかなか見つかりにくいこともあります。行動の意味を理解しづらいと、周囲は「キレやすい子」「感情的になりやすい子」として判断してしまいがち

です。しかし、そのように判断したところで、何か具体的な対応方法につなが
るわけではなく、その子どもにとってプラスに作用することはないでしょう。
そもそも何の理由もなく、「キレやすい子」「感情的になりやすい子」になるわ
けではありません。

　このように発達障がいの特性だけでは理解することが難しいような行動がみ
られた場合には[2]、トラウマという視点をもつことで理解が進むこともありま
す。既に第2章でいじめをトラウマの原因となる出来事として捉え、そのトラ
ウマが及ぼす影響やあらわれ方については少し述べていますが、本章ではこの
点について、事例を提示しながら具体的に述べていきたいと思います。第9、
10章で挙げた事例をトラウマという視点で理解し直すこともできますが、本
章では改めて別の架空事例を挙げて考えていきます。

## 3　突然泣き出したリンさん

　リンさんは小学6年生の女の子で、ASDの診断を受けています。友達に自
分から話しかけるタイプではなく、周囲からは「おとなしい子」という印象を
もたれることが多かったようです。担任も、発表など注目が集まるような場面
で固まってしまったり、体育などでグループを作るときにどうしても自分から
は動けなくて1人になってしまったりするような繊細さや人間関係の苦手さは
感じていましたが、特にその繊細さや人間関係の苦手さがあることで大きなト
ラブルになることは少ないように感じていました。リンさんは、勉強がとても
よくでき、ほとんどの教科で満点近い点数をとっていましたが、そのことを褒
められてもあまり嬉しくなさそうで、「私はバカだから」と言っていました。
そんなリンさんを見て、担任は友達にも同じように謙遜しすぎていないかな
……と心配していました。

　あるとき、図工の時間にリンさんが作った作品がおもしろいと思ったクラス
メイト2、3人が「すごい！　すごい！」と言ってリンさんの周囲に集まった

---

　2　いうまでもないかもしれませんが、トラウマの影響のあらわれ方は、先に示したような
　　行動だけではなく、「認知機能の低下」、「学業機能の低下」、「社会－情動－行動機能の低
　　下」といった広範囲に及ぶと言われています（Perfect et al, 2016）。

ことがありました。しばらくすると、「先生……リンさんが突然泣き始めてしまって……」と先ほどリンさんの周囲にいた友達が担任に伝えてきました。担任もクラスメイトがリンさんの周囲にいる様子は見ていて、駆け寄っていっても反応に困っているんじゃないかなと思ってはいましたが、それでもリンさんも内心は嬉しいのではないかと考えていたため、実際にリンさんが泣いている姿を見てびっくりしてしまいました。

　担任も本人にどうして泣いてしまったのかを尋ねましたが、ただ首を振るだけで何も答えてくれませんでした。それほど激しく泣いているわけではありませんが、みんなの前で泣いてしまうのもつらいだろうと考えて、教室から出て、廊下で少し話をしました。しばらくすると、「頭が痛い」というので保健室に連れていって、養護教諭に様子を見てもらいました。1時間後、様子を見に行ったら、泣き止んでいましたが、熱はないものの、頭が痛いのは続いていてつらそうにしていたので、家族に連絡してそのまま家に帰しました。

　放課後になって、改めてリンさんの両親に電話をして今日のリンさんの様子を伝えました。「そうなんですね……」と言いながら、両親もしばらく考えていましたが、「はっきりとはわからないですけど……」と言いながら、小学2年生の頃のことが関係あるのかもしれないと言って、そのときの出来事を話してくれました。両親の話は以下のようなものでした。

　いつも一緒にいる近所の子がいて、その子と朝も帰りも一緒だったんですけど、すごくしっかりした子で。うちの子何考えているかわかりにくいところもあるし、自分からはあまり話しかけないから、お友達とうまくいっているのかすごく心配だったんです。だから、近所のその子に、「リンのことよろしくね」とよくお願いしてたんですよ。その子も気持ちよく「はい、わかりました！」って言ってくれていたんですけど。あるとき、知り合いの保護者さんから、「リンちゃん、なんか公園で女の子数人に囲まれていたよ」って。どういうことだろうとか思っていたんですけど、その子たちと一緒にいるのかなと思っていましたし、ただ見間違えたのかなと思ってあまり気にしていませんでした。でも同じことを別の保護者さんからも聞いたので、リンに「あなた、公園に行っていたの？」って聞いたら「行ってない」っていう

んですよ。それで、あれ？おかしいなってなって。そのときの担任の先生に
こんなことがあったんですけど、学校ではどうですか？って尋ねたら、学校
ではそんなそぶりも見えないけど、ちょっと子どもたちに聞いてみますって
いって、アンケートしたり、個別面談をしたりして情報を集めてくれて、ど
うも、そのしっかりした近所の子が中心になって、リンを囲んで「なんでだ
まってんの？」とか、顔のこととか、身長のこととかいってたみたいなんで
す……。どのくらいの期間やられていたかは結局はっきりわからなくて。私
たちもリンが悪いわけではないのに「あなた嫌じゃないの！」って言って
叱ってしまったんですけど、「嫌だけど、友達だから」って。むしろ私に叱
られていることが怖いような感じだったんですよ。実際にあんまり気にして
いるふうもなかったので、それほど大したことはなかったのかな……と私も
思うようにしていました。それから、転校することになって、その子たちと
も距離をおくことができたし、それ以降、何か言われたりとか……っていう
話は聞いていなかったんですけど……。

　今回の話をうかがって、私が思い出したくらいなので、あの子もそうだっ
たりするのかな……と思って。

　「先生、今も友達から何か言われてるなんてことはないですよね？」

## 4　トラウマへの理解と対応──３つのＥと４つのＲ

　アメリカ連邦保健省薬物依存精神保健サービス部（Substance Abuse and
Mental Health Services Administration：以下、SAMHSA）によると、トラウマ
を理解する際には、３つのＥが大切だと言われています（SAMHSA, 2014）。３
つのＥとは、「どのような出来事に曝されたのか（Event）」「どのような体験
をしたのか（Experience）」「どのような影響が出ているのか（Effect）」のこと
で、この３つの視点で出来事を整理することで、具体的な支援策を考えるのに
役立つとされています。リンさんの事例を図 11-1 に沿って、この３つのＥの
視点で整理していきますので、一緒に考えてみてください。

　まず、「どのような出来事に曝されたのか（Event）」についてですが、リン

**トラウマとなる出来事　Event**

どのような出来事に曝されたのか
回数は（1 回？　複数回？）
期間は（短期間？　長期間？）

**トラウマ体験　Experience**

その出来事をどのように体験（意味づけている）のか
身体的・精神的にどの程度傷つけられているのか

**トラウマによる影響　Effect**

人間関係の悪化
記憶や注意などの認知機能の低下
行動や感情のコントロールの困難さ

**図 II-1　SAMHSA の 3 つの E**

内海千種・中村有吾（2020）．トラウマに配慮した学校づくり．藤森和美編著　学校トラウマの実際と対応．誠信書房．

さんの場合は、「小学２年生の頃に近所の子たちから囲まれていたこと」「顔のこととか、身長のこととか」を言われて嫌な体験をしたことがその出来事である可能性が高いでしょう。エピソードから考えるに、おそらく１回の出来事ではなく、複数回にわたって行われていたと考えられます。次に、「どのような体験をしたのか（Experience）」については、例えば、満点近い点数をとっていても「私バカだから」と言っていたことや、「おとなしく」あまり友達に近づいていない様子から、小学２年生の頃に近所の子たちから囲まれて嫌な体験をしたことを機に「自分はバカだ」「自分には友達はいない」というふうに捉えるようになった可能性がうかがわれます。そこで、この点については、保護者にいつ頃からそのような捉え方をするようになったかを確認することが大切です。また、「どのような影響が出ているのか（Effect）」としては、友達に話しかけるタイプではなかったことに加えて、今回、2、3 人に囲まれたことにより突然泣き出したことから、「友達に話しかけるのが怖い」「たくさんの人が周りにいると怖い」といったものが考えられます。

　こうやって考えてみると、3 つの E について考え判断するためには、まだ不

十分な情報があることにお気づきになったのではないでしょうか。3つのEで状況を整理することの意味はそこにあるのではないかと思っています。つまり「このような情報があったら、もっと理解できるのではないか」という視点をもち、必要な情報を得ることで、その子どものさらなる理解につなげることが大切だと思われます。

　リンさんの事例で、担任は、トラウマという視点をもっていたかどうかは書かれていませんが、リンさんが泣いてしまったことに疑問を感じて、泣いてしまった理由について保護者と相談もでき、リンさんが泣いた理由を考えられるところまでたどりついています。

　もし、担任が、周囲の子どもたちは何も悪くないけれどリンさんが泣き始めたのを見て、「どうして泣いているの！」と問い詰めるようなことをしたり、逆にリンさんを励まそうと思って、リンさんの作品にさらに注目が集まるようにしてしまったりすると[3]、リンさんはより怖い思いをすることになったかもしれません。担任がリンさんに注意することなく、リンさんが泣いた原因が何かあるかもしれないと考えたことで、リンさんがさらに怖い思いをするといった、いわゆる再受傷と呼ばれるような経験をする可能性を少なくできたと考えられます。

　担任がトラウマのことを知っていたとしたら、事例にあるような対応を意図的・組織的に行うことができます。リンさんの事例でも、担任だけではなく、他の先生ともリンさんの状況を共有して、無理に発表させようとするなど周囲の注目が集まるような状況を防いだり、グループ活動の場合でもリンさんが1人になることがないようにサポートしたりするなど、具体的な配慮内容を考えることができるでしょう。そうすることで、トラウマを思い出させるような出来事に無防備に曝されることを防ぐことができると思われます。「いつまでも避けていてよいのか」という意見もあるかもしれませんが、トラウマを思い出させるような出来事に曝されても大丈夫になっていくプロセスには、「専門的な介入」[4]の必要性の判断が大切です。安全で安心できる学校生活を送ったり

---

3　リンさんの作品にさらに注目が集まれば、リンさんにとってはみんなから囲まれる体験（つまり、5で説明しているリマインダー）になったかもしれません。

学んだりできる環境を整えた上で、本人や家族とよく相談して専門機関につないでいくことが望まれます。

　学校で安全で安心な生活を送ることができると、そこで学ぶことができることが増えることになります。第9章でも、サクラさんは自分自身のストレスへの対処法を学んでいますが、個別あるいは学級集団の中で、ストレスや気持ちとの上手な付き合い方を学んでいくことも意味があると思われます。

　このようにトラウマを理解し、対応するプロセスは4つのRとして整理されています（SAMHSA, 2014、表11-2）。リンさんの行動への理解と対応もこの流れで考えてきました。

### 表 11-2　SAMHSA の4つの R

| | |
|---|---|
| 「理解する」<br>（**R**ealize） | ・トラウマが子どものこころ、からだ、行動にどのような影響を及ぼすのか理解する |
| 「気づく」<br>（**R**ecognize） | ・トラウマの知識を持つことで、子どもの行動にトラウマの症状が現れていることに気づく |
| 「対応する」<br>（**R**espond） | ・（学校の）方針や進め方、実践にトラウマの配慮を組み入れる |
| 「再受傷させない」<br>（**R**esist re-traumatization） | ・トラウマを思い出させることがら（リマインダー）から回避できるようにする |

大阪教育大学学校安全推進センター（2018）. 問題行動の背景をトラウマの視点から考えてみよう
http://ncssp.osaka-kyoiku.ac.jp/mental_care（2022 年 9 月 1 日閲覧）

## 5　リマインダーへの配慮

　ここで4つの R の「再受傷させない」（Resist re-traumatization）のところに書かれている、トラウマを思い出させることがらである、リマインダーについて少し述べておきます。リマインダーについては、以下のようなものがあるとされています（National Center on Safe Supportive Learning Environments; NCSSLE, nd より一部記載）。

---

　4　トラウマに焦点化した認知行動療法（TF-CBT）、持続エクスポージャー療法（PE 療法）、眼球運動による脱感作と再処理法（EMDR）などが挙げられます。

- 騒々しい環境
- 身体的接触
- 見通しのたたなさ
- 規則の変更
- ケンカのような、仲間内での暴力の目撃
- 他人の前で大声で声をかけられること
- 困惑したり恥ずかしいと思ったりすること

　リマインダーの中で注目すべきは、それが ASD のある子どもたちの苦手さと重なるものがある点です。例えば、騒々しい環境や身体的接触、見通しのたたなさや規則の変更の苦手さは、ASD の特性の1つである「限定的な行動や興味および活動の繰り返し」（DSM-5 の診断基準の1つ）と関連が深いものです。そのため、ASD のある子どもたちは、リマインダーにより敏感に反応する可能性があると考えておく必要があるでしょう。逆にいえば、特性に合わせた支援をすることも、トラウマに配慮した対応につながります。

## 6　おわりに

　リンさんはトラウマによる影響で、先述した「キレやすい子」「感情的になりやすい子」と受け取られる行動をとってはいませんが、そのような行動をとる子どもがいたとしても、リンさんの事例と同じようにトラウマという視点で行動を理解しようとすることで対応方法が見えてくることもあると思われます。

　例えば、リンさんと同じようにクラスメイトから囲まれて悪口を言われるといったいじめ経験をしていて、さらに暴力も振われた経験のある子ども（仮にASD の特性があるタケシさんとします）がいたとします。タケシさんが、数年後、いじめの意図はないけれども数人のクラスメイトから囲まれてしまうような経験をすると、クラスメイトは「何も悪くない」にも関わらず、「突然」クラスメイトに暴言を吐いてしまったり、暴れてしまったりするかもしれません[5]。そうすると、教員は、数人がかりで暴れてしまったタケシさんを取り押

さえたり、厳しく注意して罰を与えたりする可能性があるでしょう[6]。そのような厳しい罰を与える対応になってしまうと、タケシさんはさらなる傷つき（再受傷）を経験することになり、より敏感に周囲からの刺激に反応するという悪循環に陥ってしまうことになりかねません。これまで述べてきたようにトラウマという視点をもつだけで、このような悪循環を防ぐことはできるのです。

　厳しい罰を与えるのではなく、いじめの被害者であるその子どもに安全で安心できる環境を保障して、大きなトラブルを起こさないようにする、さらにいえば新たな傷つきを生まないようにすることが求められます。繰り返しになりますが、安全で安心な学校の中でこそ、子どもたちに豊かな学びを提供できるといえます。

　＊付記：本章は、第 21 回トラウマチック・ストレス学会のシンポジウムで報告した内容の一部を大幅に加筆修正したものです。

文献

本田隆司・伊庭千惠（2021）．心理教育教材「キックスタート，トラウマを理解する」活用ガイド－問題行動のある知的・発達障害者を支援する．明石書店．

国立成育医療研究センター（2019）．「子どものトラウマ診療ガイドライン」第 3 版　https://www.ncchd.go.jp/kokoro/news/to_torauma_Ver3.html （2022 年 9 月 1 日閲覧）

National Center on Safe Supportive Learning Environment（nd）．Trauma Sensitive School training package. https://safesupportivelearning.ed.gov/leading-trauma-sensitive-schools（2022 年 9 月 1 日閲覧）

小野真樹（2021）．発達障がいとトラウマ－理解してつながることから始める支援．金子書房．

---

5　「何も悪くない」「突然」と鉤括弧つきであるのは、これらの視点はあくまでもクラスメイトや教員の視点であって、本人視点で考えた話ではないため、留意する必要があるからです。

6　まず、集団に囲まれることに恐怖感をもっているタケシさんに対しては、数人がかりで取り押さえることがリマインダーとなりタケシさんがパニックになる可能性や、教員が集団で取り押さえること自体がさらなるトラウマを生む可能性があります。また、厳しい罰を与えたとしても、適切な行動を学ぶことができるわけではないので、タケシさんにとって対処法が増えるわけではありません。そのため、逆に不適切な行動を増やす結果になってしまうこともあります。

大阪教育大学学校安全推進センター（2020）．困った人は、困っている人　http://ncssp.
　　osaka-kyoiku.ac.jp/mental_care（2022 年 9 月 1 日閲覧）
大阪教育大学学校安全推進センター（2018）．問題行動の背景をトラウマの視点から考えて
　　みよう　http://ncssp.osaka-kyoiku.ac.jp/mental_care（2022 年 9 月 1 日閲覧）
Perfect, M. M., Turley, M. R., Carlson, J. S., Yohanna, J., & Saint Gilles, M. P.（2016）.
　　School-related outcomes of traumatic event exposure and traumatic stress symptoms
　　in students: A systematic review of research from 1990 to 2015. School Mental Health,
　　8(1), 7-43.
Substance Abuse and Mental Health Services Administration（2014）. SAMHSA's Concept
　　of Trauma and Guidance for a Trauma-Informed Approach, Rockville, MD: HHS
　　Publication（大阪教育大学学校安全推進センター・兵庫県こころのケアセンター訳
　　「SAMHSA のトラウマ概念とトラウマインフォームドアプローチのための手引き」）
　　http://ncssp.osaka-kyoiku.ac.jp/mental_care（2022 年 9 月 1 日閲覧）
内海千種・中村有吾（2020）．トラウマに配慮した学校づくり．藤森和美編著　学校トラウ
　　マの実際と対応．誠信書房.

# 学校における
# 組織としてのいじめへの介入

## 1　いじめ防止で求められる組織的取り組みと課題

　今、学校現場のいじめ防止で求められていることは機能する組織的な取り組みです。このことは、発達障がいを抱えている児童・生徒のいじめ被害・加害の対応についても同じです。ただし、第1部や第2部で述べられているような特性や発見のためのポイントなどについて、学校の教職員、児童・生徒、保護者、地域の方々と一緒に共有したうえで、未然防止や即時対応に活かす体制を整えることが必要となります。特別支援学校や特別支援学級だけでなく、発達障がいの子どもたちが通常学級にも一定数存在することを再認識し、全ての学校において発達障がいの子どもたちのいじめ被害・加害について十分に配慮して対応することが必要となります。

　これまで行われてきたいじめ防止対策について、公開されている重大事態にの第三者委員会報告の中には、多くのケースでいじめ防止の取り組みと解決のための対応に関わり、組織が機能していなかった状況が報告されています（例えば横浜市, 2022）。組織的対応は、いじめ問題の重篤化を防ぐとともに早期発見や早期対応を可能にし、いじめを未然に防ぐ可能性を広げるためのセーフティーネットとなるものです。現在の学校教育現場では、教科指導、生徒指導、学級経営、ギガ・スクール対応などさまざまな教育活動が進められており、いじめ防止のためだけに労力を費やすわけにはいきません。その意味でも、日常の教育活動の中でセーフティーネットとして機能しながら必要時に適切な動きができる組織体制と活動が求められています。以下、いじめ防止のための組織的対応の現状と課題について検討してみます。

　平成25年9月に「いじめ防止対策推進法」が施行された後、文部科学省は

法施行 3 年後の見直しとして基本方針を改定しました（文部科学省，平成 29 年
3 月）。また、同時期に、総務省が文部科学省と法務省に対して「いじめ防止
対策推進法に関する調査の結果に基づく勧告」を行っています。その中で、自
殺等の重大事態に関する「調査報告書」の分析結果を基に、66 事案の「学校
等の対応における課題等」について、指摘事項を 6 つの区分に整理していじめ
対応の課題を示しています。内訳は、①「いじめの認知等」で 37 事案 56%、
②「学校内の情報共有」で 42 事案 61%、③「組織的対応」で 42 事案 64%、
④「重大事態発生後の対応」で 23 事案 35%、⑤「アンケートの活用」18 事案
27%、「教員研修」30 事案 46% となっています。このことから、いじめの重大
事態が発生している学校においては、セーフティーネットとしてのいじめ対策
が機能していない状況にあることが推察されます。生活の中で人が関わる状況
において、いつ誰にでも起こる可能性があるとされるいじめ現象を早期に発見
するとともに、即時に対応し、できれば未然に防止するための風土が醸成され
るような状況を作り出す学校環境を実現させるためにも、いじめ防止に機能す
る組織的な対応が求められています。

　では、いじめ防止のための機能する組織づくりや組織対応をするための課題
とは何でしょうか。そもそも、いじめの対応において組織的対応が求められた
背景には教職員の抱え込みの問題があげられています。担任や学年など認知し
た対応者からいじめ対応組織に情報があがらないといった状況です。法的には
いじめ対策組織を立ち上げて、いじめの情報を集約し、対応の中枢を担い、司
令塔として対応を判断した上で指示を行い、協働的な動きにより対応にあたる
ことが想定されています。しかしながら、一部では、組織的対応が学校の設置
したいじめ対策組織を設置することと、そこに情報をあげることで組織的活動
となっているものと誤解されている節があります。組織的取り組みに対するこ
のような捉えは、初期対応が難しくなったら学年対応、学校対応、管理職対応
という後手後手の対応となる実際を作り出しています。本来であれば、学校の
教職員を中心に児童・生徒、保護者や地域が、いじめ問題について未然防止や
解決に向けて動くことができるような状況を作ることが組織的な取り組みで、そ
うでなければ効果は見られません。ただし、組織的取り組みを実現するために
はいじめ対策組織が中心となって進められることは言うまでもありません。

## 2　組織的取り組みの構造化

「学校いじめ対策組織」は、①学校のいじめ防止基本方針に基づく年間指導計画の計画と実施、校内研修、②いじめ相談・通報窓口、③いじめ認知の際の情報共有と対応方針決定、体制の構築、④いじめ防止基本方針の見直しと実行評価、⑤いじめ重大事態への対応を中心的に進める役割を担っています。鳴門教育大学いじめ防止支援機構（鳴門教育大学, 2019）では、いじめ防止のための組織的対応を 3 つのマネジメント（図 12-1）に分類して構造化することにより、教職員のいじめ防止のための組織活動の理解を図り、全ての教職員が組織を担う一員として機能するための知見を提供しています。

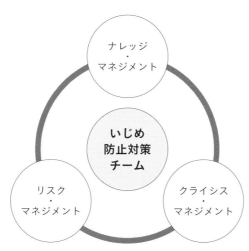

**図 12-1　いじめ防止対策組織活動の構造化**

いじめ防止の組織的取り組みの活動 3 つのマネジメントは、ナレッジ・マネジメント（情報管理と意思決定機能）、リスク・マネジメント（未然防止と早期発見のための取り組み）クライシス・マネジメント（即時対応と問題解決機能）の 3 つの枠組みで整理し、全教職員の共通理解を図り組織的取り組みによるいじめ防止の機能を向上させることをねらいとしています。以下に、いじめ防止の組織的取り組みを構造化して捉えたものを紹介します。

## （1）ナレッジ・マネジメント
### ——情報管理と適切な意思決定機能の強化

　ナレッジ・マネジメントは、児童・生徒防止のための情報収集管理、分析、意思決定、指示、連携を行うことができるように、組織内でいじめ防止のための計画を策定し組織体制を整える活動で、その活動を行う体制を指しています。図 12-2 がナレッジ・マネジメントの内容と関連を示したものです。ナレッジ・マネジメントとしては 4 つの取り組みが考えられており、①情報収集、②分析、③対応チーム（体制）づくり、④対応方針の決定です。例えば、①の情報収集としては、いじめアンケート調査の準備と実施、教職員、保護者、地域からの情報収集システムの構築が挙げられています。ここでは実効性のあるシステムと計画が求められます。教職員が意識を高くもって取り組むことのできるシステムと実行計画が作成されることが求められます。次に、②の分析では、担任の先生など情報をもっている教職員と協働した分析が求められます。流れとしては、いじめアンケート調査を統括しているいじめ対策組織メンバー以外に、担任や部活担当者など関係する児童・生徒の情報量を多くもっている教職員が分析に加わることになります。③は、いじめ事案に対応する

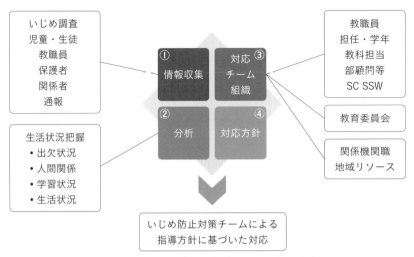

**図 12-2　ナレッジ・マネジメントの活動内容**

チーム体制を整えることになります。通常よく見られるのは、担任教師の対応→学年→管理職という流れです。先に述べましたが、多くのケースがこのパターンで動き出し、教職員が苦労しながらなんとか重大事態までに至らずに対応しています。一方で、重大事態の第三者委員会の報告からは、この初期対応で組織的対応とならなかったために防げなかったということが示されています。いじめの情報をつかんだら、いじめ対策委員会等の組織におけるナレッジマネジメントを経て対応することがセーフティネットとなることを全教職員で確認・自覚した上で対応することが重大事態を防ぐことになります。組織の構成メンバーは学校長、副校長・教頭、主幹教諭、生徒指導主事、学年主任、養護教諭、特別支援教育コーディネーター、教育相談担当の他にスクールカウンセラーやスクールソーシャルワーカー、弁護士、医師、警察官経験者などの人材を加えることが国の方針でも挙げられておりますが、初期対応での関係機関を交えての協働は実際的ではありません。ただし、教育委員会によるサポートはできるだけ早く受け協働する必要があります。自殺や自傷行為、暴力行為などの緊急対応として即時に集まって対応する場合は他機関との即時の協働が求められます。いずれにせよ、ナレッジ・マネジメントとして対応の方針と体制構築が行われます。最後に④は対応方針の決定です。参考までに図 12-3 にい

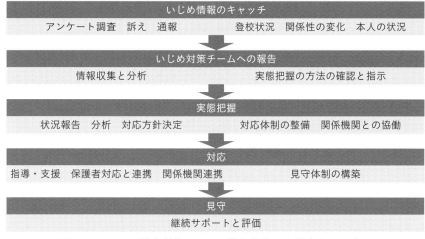

**図 12-3　いじめ防止対策チームの情報収集から対応までの流れ**

じめ防止対策チームの情報収集から対応までの対応方針が決定される流れを一例として紹介します。

## (2) リスク・マネジメント ―― 未然防止と早期発見のための取り組み

　いじめの未然防止と早期発見のための実際的な取り組み全般に相当します。具体的には、いじめに強い児童・生徒・学級学校・家庭・地域づくり、研修の実施など、学校のいじめ防止基本方針に基づく年間活動計画の立案と推進、早期発見のためのいじめアンケート調査の実施など、ナレッジ・マネジメントにより企画したものを実行する取り組みです。発達障がいを抱える児童・生徒のいじめ被害や加害への関わりを防ぐ組織的活動としては最も重要な取り組みとなります。リスク・マネジメントにおいては、一度落ち着いたいじめ問題の関係者や被害もしくは加害の可能性が考えられる児童・生徒の見守りの継続と予防的活動も重要な取り組みとなります（図 12-4）。

**未然防止**　　　　　**早期発見**

**いじめを防ぐ集団づくり**
- 支持的な学級づくり
- 四層構造を生み出さない学級経営の試み

**多様性の受容**
- 道徳教育の充実
- 多様性の理解を進める教育

**レジリエンスの実現を図る**
- 人間関係の構築
- 基本的生活習慣の確立

**いじめ早期発見**
- いじめアンケート調査　児童・生徒／保護者
- いじめ発見チェックリスト　教師／保護者
- 発達障がいに関する研修
- 通報体制の整備

**いじめ対応の意識の継続**
- 職員研修
- SC、SSW などとの連絡相談体制

**児童・生徒の活動づくり**
- ぴあサポート
- 児童会・生徒会委員会

**図 12-4　リスク・マネジメントの取り組み**

　特に、発達障がいの児童・生徒のいじめの被害者となりやすい状況や意図しない加害行為について教職員がしっかり理解し、常に心に留めておくことが必要となります。教職員がこのことをしっかり意識しておくことで、関係性の変化やいじめ認知の可能性を高めるとともに、多様性への寛容さを育てる集団づくりへの意識も維持できます。そのために、校内の研修会などで発達障がいの児童・生徒について取り上げることはもちろんのこと、発達障がいの児童・生徒を理解するための特別支援教育研修や多様性の理解と寛容さを促進する研修会などにおいても、いじめと発達障がいについて取り上げるなど、教育活動のさまざまな場面でいじめ問題に関連させ、発達障がいについても取り上げることにより、いじめ問題への対応において発達障がいの児童・生徒に対するリスク・マネジメントの意識が定着し、組織として機能することが期待できます。

## (3) クライシス・マネジメント——即時対応体制・問題解決機能強化

　いじめを認知した場合、対応は被害児童・生徒の保護、二次被害のケア、被害者のニーズの把握、関係修復の取り組み、見守りと回復への支援が基本となります。これは、発達障がいを抱える児童・生徒が被害側になっても加害側になっても同じです。ただし、発達障がいの児童・生徒のクライシス・マネジメントとして心得ておくことがあります。令和 4 年 1 月に横浜市いじめ問題専門委員会から公表された個別（特別）支援学級における重大事案の調査結果における学校対応の課題についての報告が参考になります。報告では、特別支援学級での児童について、障がい特性や発達段階が異なった児童間で起きている事案などいじめと認知するのに判断が難しい場面があること、実際に第三者委員会報告では行為がいじめとは認定されなかったが、当該児童が実際の困難を抱えた状態にあり、積極的ないじめの認知だけに留まらず、児童の育成に主眼を置いた指導支援が必要であることが報告されています。このことは、通常学級における発達障がいを抱える児童・生徒、発達障がいが疑われる児童・生徒への対応について支援者が踏まえておかなければならないことを示していると思います。図 12-5 に、組織的取り組みとしていじめ認知後の対応過程を示しています。組織的取り組みはそれぞれのフェーズで、体制・方法・評価をして進められます。

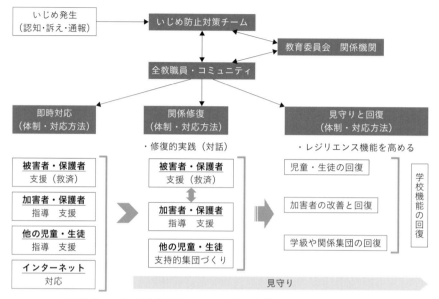

**図 12-5　いじめ防止対策チームの情報収集から対応までの流れ**

## 3　組織的取り組みの実際（事例から）

　ここでは、発達障がいを抱えた児童・生徒のいじめケースについて、これまで紹介してきた組織的取り組みを含め、いじめ問題の対応の実際を紹介します。

### (1) 事例 1

「友達関係を結ぶために金品の供与からいじめ状態になったケースへのナレッジ・マネジメントとクライシス・マネジメントの実際」

　児童 A は、知的な課題と ASD の傾向が見られる通常学級の小学 6 年生の男子で、明るいが、周囲からからかわれて相手にされないこともあり、その都度担任教諭が注意しながら本人への支援と学級づくりを行っていた。夏休みが終わり 2 学期が始まってすぐに A の母親から、家からお金が持ち出されていて A が持ち出しているのではないかということ、問いただしても知らないとの

一点張りで認めない状況で困っていると担任に連絡が入った。持ち出された金額は20万円以上に上る額で、担任は母親からの情報をもとにAに聞き取りをしたが知らないと答えた。金額が大きく、事実確認ができないこともあり、担任は状況を学年主任に相談し、金品強要と恐喝被害といじめ被害、さまざまな可能性を考え、生徒指導主事に連絡し、いじめ防止対策チームでの対応となった。

　いじめ防止対策チームでは、ナレッジ・マネジメントとして情報収集と分析を行なった上で対応を図ることになるが、事実確認ができていない状態にあるため、情報収集のプランを立てた。担任とともに生徒指導担当者の2名で再度聞き取りを行ったが知らないの一点張りであった。そこで、スクールカウンセラーに面談してもらい、本人の現在の気持ちを看取ってもらい、親に怒られることが一番怖いという言葉などから、親から怒られることへの相当な不安の様子が報告された。この情報をもとに聞き取りの方向性として、親に怒られるという不安を低減させることに加え、黙っていることにより後々困ることになることを丁寧に説明し聞き取りを進め、Aが少しずつ話を始めた。内容は、学校で仲良くなれそうなBに、おごってあげるからゲームセンターに一緒に行こうと言って自宅からお金を持ち出し一緒に遊んでいた。その様子を他の児童に見られ同様におごってあげたら、一緒に遊ぶようになった人数が増えていった。最終的には20人以上の児童にお金が配られ、中には先生に言うからとか親に言うぞと強要するものも現れ、本人も困った状態になっていたところでお金の持ち出しが発覚した。事実確認の後、お金をもらった児童を全員特定し金額も詳細に調べた。これらの情報をAの話と保護者の話からお金の流れと金額を整理し対応と指導体制を整えた。加害と被害、犯罪行為といじめなど複雑な状況ではあるが、いじめと認知した対応が求められると判断し、お金を受け取った児童への聞き取りと保護者への連絡説明、学校での見守り、クライシス・マネジメントとして、保護者に状況と対応を十分説明するとともに、受け取って使ったお金について、受け取った側から返金してもらうよう働きかけること、Aと保護者への支援として、安心して学校生活が送れるように、お金を受け取った児童との関係修復を図るとともに見守りを強化し継続することとした。この対応は、担任と生徒指導主事が担当した。

　受け取った児童の指導と保護者への説明については、仲良くなりたいと思ってお金を渡した A の気持ちをしっかり考え、どのように対応したらよかったのか、これからどのように接して関係していったらよいのか、関係児童の道徳心に迫る対応を目指した指導を実施することとした。人数が多人数なことから、学年主任、副担、校長、教頭、生徒指導主事も加わり、該当者がいる担任とチームで指導するとともに、保護者へも一人ひとり丁寧に説明して理解を得ながら対応への協力をお願いした。幸いにも、ほとんどのお金が返金された。また、金品を強要した２名の児童については、別に指導した。その後は、卒業までトラブルなく過ごすことができた。

　このケースでは、いじめかどうかよくわからない情報をいじめに関連する可能性があるというセーフティーネットとしての組織を機能させる活動が行われた事例で、発達障がいを抱える児童たちが、ときに友達から利用される状況があることを組織が承知していたが故に見通しをもちながら迅速に対応できたケースであったと考えられます。児童・生徒の障がいの内容、そのために生じる機能の難しさや二次的な行動の問題などについての知見を有していた組織によるナレッジ・マネジメントと校内のリソースを効果的に活用したクライシス・マネジメントの成果であったと思われます。

## (2) 事例2

「からかわれいじめられた経験をもつ発達障がいを抱える生徒を支えるリスク・マネジメント」

　生徒 C は、ASD と診断された通常学級の中学３年生の男子で、明るく、対応が柔らかいので周囲からも親しまれていた。一方で、それを面白がる生徒が数名おり、からかわれて追いかけっこになっていた。最初は笑っていて楽しんでいるようにも見えたが、だんだん表情が厳しくなり怒り出すことが見られるようになった。特に、２年生時には、クラスの数名の男子生徒にからかわれたことで尊厳が傷つけられたために学校に行きたくないということが保護者から伝えられ、直ちにいじめ案件として対応したことで状況が改善して学年末まで過ごしていた。本書で紹介しているように、発達障がいの児童・生徒がいじめの被害を受けやすいということがナレッジ・マネジメントとして教職員に周知

されており、特別な支援を要する生徒に対してはリスク・マネジメントとして
見守り体制を整えておく必要があることが確認されていた。そこで、担任や教
科担当者、部活動や委員会活動などで新たに担当することとなる教職員に対し
ては、いじめ対策チームとして直接もしくは担任を通して、情報を伝え、見守
りと対応及び連絡体制を整えた。本ケースでは、担任は継続して同じ教員とな
り引き継ぎの必要はありませんでした。

　３年生になり、Ｃは保健委員となり、委員の活動である爪切りやハンカチを
持参するなどの呼びかけや点検などの保健活動をクラスで行うことになった。
さらに、最初の委員会で推薦され委員長を引き受けることになったと委員会を
担当する養護教諭から担任に連絡が入った。人前で発表したり、司会をするな
どの苦手な部分をこなせるか、さらに、うまくこ仕事ができない場合に周囲か
ら心ない言葉などが聞こえるような状況になればＣの尊厳が傷つけられる可
能性も考えられた。そのため、いじめ案件とならないよう、何よりＣが嫌な
気持ちで学校生活を過ごすことのないよう、担任と養護教諭を中心とした見守
り活動と委員会活動のサポートを行うリスク・マネジメントを実施することと
なった。

　教室の保健委員の活動では、保健委員会関係の連絡とハンカチの検査や爪の
チェックが主な活動で、連絡については問題なくしっかりできたが、点検活動
は厳格にしっかりやらないといけないという姿勢で実施したため、同級生から
は不満の声が聞かれて、チェックの仕方や少しぐらい甘くチェックする方がよ
いことを担任や養護教諭から指示されて、うまく行えるようになった。一方
で、委員会全体をまとめる役である委員長の仕事については、定例の委員会の
開催前に、手順や話す内容を準備し、前日にリハーサルをしてうまく進められ
るよう養護教諭と担任とで支援を行い準備をした。また、同級生である３年生
の委員にも、推薦した手前、しっかり協力してサポートしようと養護教諭から
働きかけやすい雰囲気を作ることができた。前期の半年の学校生活をこのよう
な見守りのリスク・マネジメントで対応することで、いじめ被害に遭遇せずに
過ごすことができた。

　発達障がいを抱える児童・生徒は、このように自分自身が苦手な場面にもか
かわらず、みんなが嫌がるような立場や行為をすることになるなど、周囲から

利用されるような状況に立たされることも少なくない。さらに、周囲に悪気がない場合もあり、いじめと認知されないような状況においても本人には困難や苦しさを感じる状況になりやすい。このことを踏まえたリスク・マネジメントを実施することにより、少しでも嫌な思いをせずに学校生活を過ごせる環境を整えることができた事例です。

## (3) 事例から

　ここでの 2 つの事例とも、実践された組織的な対応の部分について紹介をしています。実際は、それぞれの対応の中で、児童・生徒理解を深め、コミュニケーションや環境づくりなど、組織的対応を進める中でさまざまな工夫がされたことは言うまでもありません。組織的な取り組みを設置するだけではいじめ防止と対応についてしっかりできるわけではありませんが、組織的取り組みは、発達障がいを抱える児童・生徒にとって、見逃さない、意識を保つ、適切な意思決定を作り出すためのセーフティーネットと考えていただきたいものです。

文献

横浜市 (2022). いじめ防止対策推進法第 28 条第 1 項にかかる重大事態の調査結果について (小学校)【公表版】

鳴門教育大学 (2019). 学校間連携による「いじめ防止対策」の充実を！　鳴門教育大学【未公刊】

# チームとしての対応

　発達障がいのある子どもたちのいじめへの対応に限らず、いじめへの対応には、誰か1人だけではなく、チームとしての対応が必須になります。

　いじめ防止対策推進法にも、第8条に「学校及び学校の教職員は、基本理念にのっとり、当該学校に在籍する児童等の保護者、地域住民、児童相談所その他の関係者との連携を図りつつ、学校全体でいじめの防止及び早期発見に取り組むとともに、当該学校に在籍する児童等がいじめを受けていると思われるときは、適切かつ迅速にこれに対処する責務を有する」と記述されており、この条文だけでもチームを構成すると考えられるメンバーとして、保護者、地域住民、児童相談所の関係者があがっています。

　また、保護者に関しても、第9条に「保護者は、子の教育について第一義的責任を有するものであって、その保護する児童等がいじめを行うことのないよう、当該児童等に対し、規範意識を養うための指導その他の必要な指導を行うよう努めるものとする」と定められ、同3項では「保護者は、国、地方公共団体、学校の設置者及びその設置する学校が講ずるいじめの防止等のための措置に協力するよう努めるものとする。」と記述されていることからも、学校・保護者がそれぞれに取り組むのではなく、丁寧に連携をしながら取り組むことが子どもたちにとって重要であることが法的にも定められていると考えられます。第12章でも組織的対応について述べられていますが、本章では、また違った視点からチームとしての対応についてみていこうと思います。

## 1　チームとしての学校

　文部科学省（2015）は、「チームとしての学校の在り方と今後の改善方策に

ついて（答申）」の中で、当時の学校を取り巻く課題を整理し、「個々の教員が個別に教育活動に取り組むのではなく、学校のマネジメントを強化し、組織として教育活動に取り組む体制を創り上げるとともに、必要な指導体制を整備することが必要である」としています。そのうえで、チームとしての学校を実現させるための 3 つの視点として、「専門性に基づくチーム体制の構築」「学校のマネジメント機能の強化」「教職員一人一人が力を発揮できる環境の整備」を挙げています（表 13-1）。この視点は、当然のことながら、「発達障がいといじめ」への対応を考える上でも重要です。

### 表 13-1　チームとしての学校を実現するための 3 つの視点

| 1. 専門性に基づくチーム体制の構築 |
| --- |
| 　これからの学校に必要な教職員、専門能力スタッフ等の配置を進めるとともに、教員が授業等の専門性を高めることができる体制や、専門能力スタッフ等が自らの専門性を発揮できるような連携、分担の体制を整備する。 |
| 2. 学校のマネジメント機能の強化 |
| 　教職員や専門能力スタッフ等の多職種で組織される学校がチームとして機能するよう、管理職のリーダーシップや学校のマネジメントの在り方等について検討を行い、校長がリーダーシップを発揮できるような体制の整備や、学校内の分掌や委員会等の活動を調整して、学校の教育目標の下に学校全体を動かしていく機能の強化等を進める。 |
| 3. 教職員一人一人が力を発揮できる環境の整備 |
| 　教職員や専門能力スタッフ等の多職種で組織される学校において、教職員一人一人が力を発揮し、更に伸ばしていけるよう、学校の組織文化も含めて、見直しを検討し、人材育成や業務改善等の取組を進める。 |

文部科学省（2015）．チームとしての学校の在り方と今後の改善方策について（答申）（中教審第 185 号）https://www.mext.go.jp/b_menu/shingi/chukyo/chukyo0/toushin/1365657.htm（2022 年 9 月 15 日閲覧）より作成．

## 2　チームとしての学校のメンバー

　それでは、十分ではないかもしれませんが、「発達障がいといじめ」への対応で関わる可能性のあるメンバーについて述べていきます。保護者は重要なチームのメンバーですが、（当然のことなので）ここでは保護者は除いて記述し

ています。

## (1) 校内の資源として

### 1) 教員

　同じ教員の立場でも、担任をはじめ、校長・教頭（副校長）・教務担当（教務主幹）・生徒指導担当・教育相談担当・養護教諭・特別支援教育コーディネーターなど、さまざまな役割をもった教員がいます。

### 2) 専門的な職員

　学校にはスクールカウンセラーやスクールソーシャルワーカー、地域によってはスクールロイヤーなどの教員以外の専門的な職員が配置されています。他にもさまざまな専門的な職員がいる可能性もありますが、ここでは上記の3つについて説明しておきます。

・スクールカウンセラー（以下、SC）：臨床心理学の専門家[1]として、児童生徒に対する相談のほか、保護者及び教職員に対する相談、教職員などへの研修、事件・事故などの緊急対応における被害児童生徒の心のケアなど、ますます多岐にわたっており、学校の教育相談体制に大きな役割を果たしています[2]。

・スクールソーシャルワーカー（以下、SSW）：社会福祉などの専門的な知識や技術を有する専門家として、問題を抱えた児童生徒に対し、当該児童生徒が置かれた環境へ働き掛けたり、関係機関などとのネットワークを活用したりするなど、多様な支援方法を用いて、課題解決への対応を図ります[3]。

・スクールロイヤー（以下、SL）：法律の専門家である弁護士として、その専門的知識、経験に基づき、学校において法的側面からのいじめ予防教育や法

---

1　「心の専門家」と表記されることもあり、資格としては臨床心理士・公認心理師の資格をもっていることが条件にされている地域が多いと思われます。

2　教育相談などに関する調査研究協力者会議「児童生徒の教育相談の充実について—生き生きとした子どもを育てる相談体制づくり—(報告)」(文部科学省, 2007) の記述をもとに説明しました。

3　文部科学省（nd）のスクールソーシャルワーカー活用事業の説明をもとにしました。

的相談への対応を行っています[4]。学校がいじめ防止対策推進法に基づいた対応が行えているかという点についての助言も期待されます。

## (2) 外部資源として

### 1) 教育機関

　県・各市町村教育委員会、教育支援センター（適応指導教室）（以下、教育支援センター）、各地域の教育センターと連携することが多いと思われます。第9章でも、何度か教育支援センターが出てきますが、詳しくは説明できていなかったので、表13-2に少し説明しておきます。そして、上記の校内の資源の専門的な職員とも重なるところですが、県や市町村教育委員会の中で特別支援に係る専門家チームや生徒指導・教育相談の専門家の派遣、教育指導主事との連携など、さまざまな取り組みがなされており、連携が図れることがあります。

### 2) 医療機関

　地域の精神科・小児科などと連携することが多いと思われます。医療機関の中でも主治医、心理職、ワーカー、言語聴覚士などさまざまな専門職と連携をとる可能性があると思われます。

### 3) 福祉機関

　発達障がいのある子どもたちは、放課後等デイサービスに通う子どもも少なくありませんので、利用している場合はその事業所との連携は必須だと思われます[5]。子どもによっては、放課後児童クラブや児童館との連携が必要なこともあるでしょう。

---

4　徳島県教育委員会「3S連携活動事例集」での記述をもとにしました。この事例集は、徳島県教育委員会における3S活用モデル事業の一環として作られたものです。3S活用モデル事業とは、「児童生徒の抱えている問題や置かれている環境が複雑化・多様化し、学校だけでは解決が困難な事例が増加している現状を受け、学校と3S（SC、SSW、SL）が連携・協働し、チーム学校として諸課題に取り組むことができる生徒指導体制の構築を目的として行われたもの」です。この事例集は、いじめを含むさまざまな架空事例についてSC・SSW・SLの視点からの意見を述べるような形式で作られており、さまざまな視点での事例の捉え方やそれぞれの専門性を知ってもらうために非常に役立つと思いますので、ぜひご一読ください。本書の架空事例と合わせて読むと、より理解が広がると思われます。文献にもあげていますが、徳島県教育委員会人権教育課のホームページで閲覧することができます。

表 13-2　教育支援センター（適応指導教室）の概要と今後の期待

| 概要 | 不登校児童生徒等に対する指導を行うために教育委員会及び首長部局（以下「教育委員会等」という。）が、教育センター等学校以外の場所や学校の余裕教室等において、学校生活への復帰を支援するため、児童生徒の在籍校と連携をとりつつ、個別カウンセリング、集団での指導、教科指導等を組織的、計画的に行う組織として設置したものをいう。<br>なお、教育相談室のように単に相談を行うだけの施設は含まない。 |
|---|---|
| 実態調査の結果より | ・約 63 ％の自治体で設置。<br>・都道府県の設置数は、約 2% と低く、市町村による設置がほとんどを占める。<br>・在籍者は、学校に行きたくても行けないタイプ（不安など情緒混乱）と人間関係によるタイプが多く、それぞれ 17% を超えている。<br>・学校や家庭との連携も積極的に行っている。 |
| 今後の期待 | ・通所希望者に対する支援だけでなく、これまでに蓄積された知見や技能を生かし、通所を希望しない者への訪問型支援、シートのコンサルテーションの担当など、不登校児童生徒への支援の中核となること。<br>・不登校児童生徒の無償の学習機会を確保し、不登校児童生徒への支援の中核的な役割を果たすこと。<br>・教育支援センターの運営が不登校児童生徒及びその保護者等のニーズに沿ったものとなること。<br>・不登校児童生徒への支援の重要性に鑑み、私立学校等の児童生徒の場合でも、在籍校と連携の上、教育支援センターの利用を認めるなど柔軟な運用がなされること。<br>・教育支援センターを中核とした支援ネットワークの整備。 |

文部科学省（2019a）.「教育支援センター（適応指導教室）に関する実態調査」結果. https://www.mext.go.jp/component/a_menu/education/detail/__icsFiles/afieldfile/2019/05/20/1416689_002.pdf（2022 年 9 月 15 日閲覧）／文部科学省（2019b）.「不登校児童生徒への支援の在り方について（通知）」https://www.mext.go.jp/a_menu/shotou/seitoshidou/1422155.htm（2022 年 9 月 15 日閲覧）をもとに作成

　また、いじめ防止対策推進法でもあがっていたように、児童相談所との連携も必要になることは少なくありません。さらに、子どもの生活の場が児童養護施設・児童心理治療施設の場合もあると思われますので、そのような場合は当

---

5　筆者は放課後等デイサービスの職員とも話をすることがありますが、放課後等デイサービスの職員にとって、学校はハードルが高いと感じているところが多いように思われます。何かが起こってからではなく、普段から顔の見える関係になっていることで、連携がスムーズに行われるでしょう。

該施設の職員とも連携をとることが重要です。

#### 4) その他（警察など）

　必要に応じてさまざまな機関が関わる必要がありますが、重大事態等の場合は警察の介入が必要になってくることもあります。第1章でも触れましたが、詳しくは、「いじめ問題への的確な対応に向けた警察との連携について」（文部科学省、2019c）という通知も出されていますので、ご参照ください。

## 3　架空事例における多職種連携

　次に、第9、10章であげた架空事例をもとに、どのような連携がなされていたかを整理してみることで、具体的な連携の在り方を見ていきます。ただし、本書の架空事例は、筆者らが心理職のため、心理職からみえる連携に偏りがちであることに留意しながら読んでください[6]。

### (1) ショウさんの事例

　ショウさんの事例では、まず本人への聴き取りをするところで、担任だけでなく、校内の資源として養護教諭とSCが関わり、保護者とも連絡をとりながら進めています。誰が聴き取りを行うかはケースバイケースだと思われますが、子どもと担任の関係性もありますので、複数の教職員が関わっていることが望ましいと考えられます。また、ショウさんの聴き取りに、視覚的な手がかりを用いていますが、どのような聴き取りが有効かを検討する際には、特別支援教育コーディネーターやSC、場合によっては巡回指導員や専門家チームの委員などが関わることが有効であると思われます。

　次に、ショウさんは特別支援学級に在籍していますが、具体的な支援を行う際には、交流学級や他の学年の先生、養護教諭、SCが役割分担をしながら進めています。その際に、保護者との連携を丁寧に行っていたことも重要な要素です。また、校内でのいじめ対策会議も開催されており、そこでは全教職員が関わっています。このような会議のコーディネートの上では、校長・教頭など

---

6　SCや心理職がうまく機能しないこともある点に注意する必要があるでしょう。

の管理職、特別支援教育コーディネーターの果たす役割は大きいと思われます。

　さらに、保護者と丁寧に連絡をとっていたことから、今回の出来事を契機として主治医に相談に通われるようになったことも把握し、主治医との連携を始めていることも重要なポイントです。学校での関わりの注意事項について主治医から意見をもらうこともできます。

## (2) サクラさんの事例

　サクラさんの事例では、自傷行為が始まったために保護者から本人への説得で精神科病院を受診しています。そこで、精神科病院の主治医と担当カウンセラーがサクラさんに深く関わっています。具体的な初期段階での連携の様子は書かれていませんが、学校としても、医療機関がどのような方針でサクラさんに関わっているかについて確認することは大切です。

　次に、サクラさんは、すぐに学校に登校することが難しかったため、教育支援センターに通うことになりました。地域や学校によって教育支援センターとの距離感が異なりますし、通われる子どもによっても連携の在り方はさまざまです。しかし、その子どもに一番適切な形で連携を進めることが大切という点では共通します。サクラさんの事例では、教育支援センターに通い始めた時点から、リストカットへの対応も含めて、家庭・学校・教育支援センター・医療機関が連携して進めることができていたため、教育支援センターの人間関係に広がりがもてた時点で、「あいさつ登校」につなげることができたと考えられます。

　また、この架空事例のエピソードには記述されていませんが、医療機関や教育支援センターにつながる段階でSSWに関わっておいてもらうことも重要だと思われます。

## (3) アキさん、ヒカリさんの事例

　アキさんやヒカリさんの事例でも、外部資源との連携が支援において重要な役割を果たしていることがうかがわれます。アキさんの事例では不登校の児童生徒に臨床心理学を学ぶ大学院生を派遣する制度の利用と教育支援センターに

おける関わり、ヒカリさんの事例では、相談室における関わりが重要な役割を果たしています。必要に応じて、大学院生や教育支援センターの職員、地域の相談室の職員との連携をとることが重要でしょう。

　臨床心理学を学ぶ大学院生を派遣する制度のように、不登校の子どもたちへの地域独自の取り組みがなされていると思いますので、そのような資源が適切な形で子どもたちに届くように、SSWなどが間に入ってコーディネートしてくれることも期待されます。

## （4）テルさんの事例

　テルさんの事例では、初期の対応から、担任、保護者、SCがかなり丁寧に連携をとりながら進めています。また、担任、SCで保護者の揺れる想いに寄り添い続けたことも重要であったと考えられます。担任やSCのサポートがあったからこそ、保護者が医療機関への受診や放課後等デイサービスの利用を決断することができたのかもしれません。そして、今後、主治医や放課後等デイサービスの職員との連携も重要になってくるでしょう。

## （5）マコトさんの事例

　マコトさんの事例では、トラブルが起きやすい状況であったために、担任だけで対応しようとせずに、管理職が早めに関わっていることが功を奏していると考えられます。この事例では、担任が中心になってマコトさんへの心理教育を行っていますが、そのような場合でも特別支援教育コーディネーターやSCなどと相談しながら進めることは非常に有用だと思われます。また、相談機関・療育機関に通われている場合は、今回の事例で行われていた心理教育を外部機関で行うことも考慮にいれておくとよいでしょう。しかし、もし外部機関で行う場合は、その機関との連携は必須になります。また、このような心理教育の成果は、保護者と共有してこそ本物の成果につながると思われますので、丁寧に保護者と共有することが求められます。

## （6）アキラさんの事例

　アキラさんの事例では、初期から隣のクラスの先生や学年主任の先生が関

わっていますが、連携がうまくとれず、チームとしては機能していない状況でした。アキラさんも先生に対して反抗的な態度をとりつづけていたために、最初から担任とつなげるのは難しい状況にありました。

　この事例では SC とつながり、心理教育を始めることができていますが、アキラさんのように学校への拒否感・不信感が強い場合は、学校での心理教育が難しい場合もあるので、SC とつながれない場合も少なくありません。そのような場合は、SC を活用することにこだわらず、本人が安全・安心を感じられる場でつながりを作ることが重要だと思われます。

　また、先述したように担任と他の教員との連携がうまくいかないことへの対応として教育委員会から指導主事を呼んだことで、少し客観的に連携体制を整えることにつながりました。本文中にも書いていますが、学級崩壊のような状況が起こったときには、教育委員会の指導主事や医療機関、外部専門家なども積極的に活用し、そのクラスだけでなく、学校全体の支援体制の見直しも行えるとよいと思われます。ただし、外部から支援者を呼ぶことが、逆に連携の溝を深めることにならないように、学校の中で生じている難しさを共有することも大切でしょう。

## 4　おわりに

　本章では、チームとしての学校の理論と構成しうるメンバーの説明から始まり、第 9、10 章で挙げた架空事例をもとに、具体的な連携方法についてイメージができる形で整理してきました。

　発達障がいといじめに限らず、いじめ対応において連携が重要なのは、誰もが理解していることなのですが、大変な状況だからこそ、その連携がなかなか難しいことも事実です。これは現場にいてよく感じることですが、子どもたちが大変な状況であるときほど、当然関係者にも余裕がなくなってしまい、連携の必要性が高まる一方で、連携のハードルもあがってしまうこともあるのです。子どもたちもそうですが、大人もいっぱいいっぱいの状況であればあるほど、誰かに助けを求めるのは難しいし、誰かからの意見を、それが生産的なものであったとしてもネガティブに捉えてしまう傾向が強くなりやすいと思われ

ます。子どもを中心に考えたときに、一番連携していかなければいけない学校と家庭の連携がうまくいかない時も、この大変さが関連している場合が多いでしょう。

　連携がうまくいかないなと感じたときは、このことを思い出してもらい、子どもたちを中心に考えることを忘れずに、つながれるところからつながることをモットーに歩んでもらえたらと思います。

## 文献

文部科学省（nd）．スクールソーシャルワーカー活用事業. https://www.mext.go.jp/b_menu/shingi/chousa/shotou/046/shiryo/attach/1376332.htm（2022 年 9 月 15 日閲覧）

文部科学省（2007）．教育相談等に関する調査研究協力者会議「児童生徒の教育相談の充実について―生き生きとした子どもを育てる相談体制づくり―（報告）」. https://www.mext.go.jp/b_menu/shingi/chousa/shotou/066/gaiyou/1369810.htm（2022 年 9 月 15 日閲覧）

文部科学省（2015）．チームとしての学校の在り方と今後の改善方策について（答申）（中教審第 185 号）. https://www.mext.go.jp/b_menu/shingi/chukyo/chukyo0/toushin/1365657.htm（2022 年 9 月 15 日閲覧）

文部科学省（2019a）.「教育支援センター（適応指導教室）に関する実態調査」結果. https://www.mext.go.jp/component/a_menu/education/detail/__icsFiles/afieldfile/2019/05/20/1416689_002.pdf（2022 年 9 月 15 日閲覧）

文部科学省（2019b）.「不登校児童生徒への支援の在り方について（通知）」. https://www.mext.go.jp/a_menu/shotou/seitoshidou/1422155.htm（2022 年 9 月 15 日閲覧）

文部科学省（2019c）.「いじめ問題への的確な対応に向けた警察との連携について」（通知）. https://www.mext.go.jp/a_menu/shotou/seitoshidou/1417019.htm（2022 年 7 月 3 日閲覧）

徳島県教育委員会人権教育課（2022）．3S 連携活動事例集～学校支援の充実に向けた専門家（3S）との連携強化～. https://human-rights.tokushima-ec.ed.jp/0916a45eafe5e5a2fec1a8f005b33fb5/aebafede5a72dac2adaf5371462ce6a9/page_20210315103244/page_20210315103937（2022 年 9 月 15 日閲覧）

**コラム❸**

# 保護者からのメッセージ

　コラム❸でも引き続き、保護者を対象としたアンケート結果を紹介していきます。ここでは、「いじめに関わることで、教員や支援者、保護者などに知ってほしいことはありますか？　具体的にお書きください」という質問への回答をできる限り紹介します。

● 100人いたら100通り違い、それぞれ違ったサポートが必要であること

● 先生方も多忙で大変だとわかってはいますが……SOSを出すのが苦手なことを理解していただけると嬉しいです。

● いつになってもいじめはなくなりません。発達障がいは一人ひとりの特性や対応の仕方も異なりますが、まずはその子の抱えている障がいからくる困難、努力しても中々改善されないことがあることを教員や支援者は知ってほしいです。教員からの心ない言葉で傷ついている子どもが、まだまだいるのはとても残念です。

● いじめが起こることを教育者や支援者の責任にしないこと

● 問題が起きたときに関わるのではなく、日頃からの子どもたちの様子を見てもらうことで、問題に早く気づいてもらえると思います。

●嘘がつけないので、本人の言い分を信じること。経過や気持ちなど、内容をまとめて話すことが苦手なので、個別に優しく根気よく聞くこと。いじめた相手がいると萎縮する。また、相手や教員の感情や口調でパニックになるので、配慮すること。クラスメートに迷惑かけるが、わざとではない。

●本人にとってはからかい程度でもつらいこともあることを理解して早めな対応をお願いしたいです。

●いじめられる子にだけ注目せず、いじめる子も意外と困っているのでは？　ということ。

●保護者が学校と密になって、どんな些細なことでも相談することが大事だと思います。できれば、担任の方から定期的に保護者に連絡いただければ話しやすかったです。

●発達障がいを正しく理解してほしい。

いかがでしょうか。たくさんのダイレクトに伝わってくるメッセージをいただいて、自分自身が子どもたちと向き合うときに真摯でいることを大切にしようと改めて思いました。本編でも書いていますが、いじめのような大変なことが起こると、先生も含め、いろいろな人の気持ちが揺らされます。そのため、「真摯に向き合うこと」はそんなに簡単なことではありません。また、連携をとりたくても、気持ちが揺れているからギスギスしてしまうこともあると思います。でも、だからこそ、子どもを中心に関わっている大人たちが助け合って、子どもを守るために全力で取り組める体制づくりが大切なのです。

# おわりに

　筆者は、研修会で発達障がいのある子どもたちのことをお話させていただく
ときに、よく「当たり前」とか「普通」について話をします。みんなそれぞれ
に「当たり前」があり、「普通」があります。それはわかっているはず、誰も
が知っているはずです。でも、例えば9割以上の人が同じように思っている場
合はどうでしょう？　それは「正しいこと」として見られてしまいがちなので
はないでしょうか。逆に言えば、そう思っていなかった、つまり残る1割未満
の人は、「間違っている」と捉え、「何をしているの？」とか「なんでそんなこ
とをするん？」とか先生や友達から言われる可能性があるのではないかと思わ
れます。

　教室の中で、少数派である発達障がいのある子どもたちは、日常的にこのよ
うな経験をしている可能性があります。「このような経験」とはつまり、間違っ
ているわけではないのに「間違っていること」にされてしまったり、そのこと
をみんなの前で言われてしまったり、ときには笑われてしまったりすることを
指します。もし、このようなことが学校で起こっているとしたら、どうでしょ
うか？　このような現象は、いじめ、少なくとも「いじめの芽」にはなると思
うのです。

　本書では、発達障がいといじめをテーマにしていますが、発達障がいのある
子どもたちだけではなく、例えばLGBTQや外国にルーツをもつ子どもたち、
その他さまざまな少数派の子どもたちに、多数派の「当たり前」や「普通」を
振りかざしてしまえば、その「当たり前」や「普通」を目の前にして子どもた
ちは押しつぶされてしまうような経験をする可能性があると思います。そし
て、圧倒的な多数派の論理の前では、助けを求めようという気持ちも起こらな
くなってしまうかもしれません。これはどうしても避けたいことです。このよ
うに考えると、いじめを予防し解決するためには、まずは自分と相手の「当た

り前」や「普通」を知るところから始める必要があるのではないでしょうか。これは、子どもと大人どちらにとっても大切なことですし、どこまで達成したというものでもなく、常に努力が必要なことでもあると思います。

　本書を一通り書き終えて校正作業をしている中で、どうしても、この「当たり前」や「普通」について書きたくなってしまいました。そして、本書には、こういった「当たり前」や「普通」へのアプローチの方法が散りばめられていると思います。もし、この「おわりに」から読み始めた方がいらっしゃったら、その辺りも感じていただきながら本編をお読みいただけたらと思います。

　また、少し話はそれますが、本書を執筆している中で、文部科学省が出している生徒指導提要が改訂され、公表されました。2010 年に出された生徒指導提要（文部科学省，2010）¹ も内容が充実していますが、改訂版はさらに現在の状況に合わせた内容になっています。そして、改訂版の生徒指導提要（文部科学省，2022）² では、「いじめ」に 20 ページ以上割かれており、たくさんの大切なことが書かれています。その大切なことの 1 つとして、「いじめ対応の重層的支援構造」（p129）が提案されています。また、その構造の基礎となるものとして「いじめ防止につながる発達支持的生徒指導」があり、「児童生徒が人権意識を高め、共生的な社会の一員として市民性を身に付けるような働きかけを日常の教育活動を通して行うこと」「多様性を認め合うこと」の重要性も説かれています。繰り返しのような形になりますが、この点が「発達障がいといじめ」のテーマを語ることを通して、伝えたかったことの 1 つです。

　「はじめに」でも書かせていただいたように、本書を書く直接のきっかけになったのは 2021 年に開催されたシンポジウムでした。しかし、私自身はこれまで出会ってきたたくさんの子どもたちや保護者さん、先生方、そして家族や友人たち、関わってきた人たちの顔を思い浮かべながら執筆してきました。自

1　https://www.mext.go.jp/a_menu/shotou/seitoshidou/1404008.htm （2022 年 12 月 11 日閲覧）

2　https://www.mext.go.jp/a_menu/shotou/seitoshidou/1404008_00001.htm （2022 年 12 月 11 日閲覧）

分の心理職としての経験、「小倉正義」個人としての経験が、この本の執筆を後押ししたり、ときには難しくさせたりしていました。「何を偉そうに……」と自分で書いていて思う部分も正直たくさんありました。本編を書いているときもそうでしたが、この「おわりに」も何度も何度も書き直しながら、なんとか形にしています。本書は私 1 人で書いたわけではありませんが、私にとって本書を執筆することは、それだけ自分を問われる作業でした。実は……小さい頃からの私の夢は本を書く人になることでした（今も変わらないですが）。誰かが書いた本や音楽などの作品に自分はいつも救われてきた感覚をもっているので、自分もそうなりたい、そうありたいと思っていました。子どもの頃、自分が大学の教員になり、心理学や特別支援教育を教えているとは夢にも思っていませんでしたが、今論文や本の執筆で文章を書くこと、つまり知識や経験、そして思いを与えられた枠の中で形にするという作業は、ずっと自分がやりたかったことに近いなと感じています。それだけにプレッシャーも強く感じていますが、できれば自分の思いだけでなく、自分が関わってきた人たちの思いもそこにのせることができていれば……と思って書いてきました。たくさんの共著者や出版社の皆様とご一緒することでここまで形にすることができたのかなと思っています。そして、本書が少しでも多くの人のもとに届き、誰かの笑顔につながったらな……と切に願っています。

　最後になりましたが、いろいろな人に感謝の気持ちを伝えたいと思います。まずは、これまで出会ってきた全ての皆様に感謝します。少し大げさに思われるかもしれませんが、本当にそう思っています。また、本書を執筆する際に、難しいテーマだったにも関わらず、快く（と思っています）引き受けてくださった共著者の皆様、急なアンケートの依頼にも関わらずご回答くださった保護者の皆様、本当にありがとうございました。そして、なかなか筆が進まない私に安定のペースで励ましのメールをくださった杉本哲也様はじめ学苑社の皆様には本当に感謝しています。本当に多くの人に支えられて、この本ができました。

Mr. Children の「タガタメ」を聴きながら
2022 年師走　小倉正義

## 著 者 紹 介

**小倉 正義**（おぐら・まさよし）【編集、はじめに、第1章、第2章、第9章～第11章、第13章、おわりに】
鳴門教育大学大学院学校教育研究科教授、同大学発達臨床センター所長
名古屋大学発達心理精神科学教育研究センター特任研究員、鳴門教育大学講師・准教授を経て、現職。
専門は発達臨床心理学。大学で教鞭をとりながら、公認心理師・臨床心理士として様々な地域の、様々な現場で発達支援・家族支援を行っている。
主著に『ギフテッド―天才の育て方』（学研教育出版、共著）、『ワードマップ認知的個性―違いが活きる学びと支援』（新曜社、共編著）、『ペアレント・メンター活動ハンドブック―親と地域でつながる支援』（学苑社、分担執筆）、『発達障害の子の気持ちのコントロール（6歳児から使えるワークブック1）』『発達障害の子の気持ちの聞き方・伝え方（6歳児から使えるワークブック2）』（合同出版、共著）など。

**山西 健斗**（やまにし・けんと）【第2章】
就実大学教育学部教育心理学科助教
公認心理師、臨床心理士

**原口 英之**（はらぐち・ひでゆき）【第3章】
所沢市こども支援センター発達支援エリア
公認心理師、臨床心理士

**大久保 賢一**（おおくぼ・けんいち）【第4章】
畿央大学教育学部教授
公認心理師、社会福祉士

**久保 順也**（くぼ・じゅんや）【第5章】
宮城教育大学大学院教育学研究科教授
公認心理師、臨床心理士

**本田 真大**（ほんだ・まさひろ）【第6章】
北海道教育大学函館校准教授
公認心理師、臨床心理士、学校心理士

**川上 ちひろ**（かわかみ・ちひろ）【第7章】
岐阜大学医学教育開発研究センター講師
看護師、公認心理師、養護教諭

**山根 隆宏**（やまね・たかひろ）【第8章】
神戸大学大学院人間発達環境学研究科准教授
公認心理師、臨床心理士

**飯田 愛**（いいだ・あい）【第9章、第10章】
特定医療法人共和会共和病院診療部
公認心理師、臨床心理士

**内海 千種**（うちうみ・ちぐさ）【第11章】
徳島大学大学院社会産業理工学研究部教授
公認心理師、臨床心理士、特別支援教育士

**池田 誠喜**（いけだ・せいき）【第12章】
鳴門教育大学大学院学校教育研究科教授
公認心理師、学校心理士、特別支援教育士

装丁　三好 誠（ジャンボスペシャル）

**発達障がいといじめ** ©2023
発達の多様性に応える予防と介入

2023年 3 月15日　初版第 1 刷発行

編著者　小倉正義
発行者　杉本哲也
発行所　株式会社　学苑社
東京都千代田区富士見 2-10-2
電話　　03（3263）3817
FAX　　03（3263）2410
振替　　00100-7-177379
印刷・製本　藤原印刷株式会社

検印省略

乱丁落丁はお取り替えいたします。
定価はカバーに表示してあります。

ISBN978-4-7614-0841-1　C3037

## いじめ

# いじめ防止の３R
すべての子どもへのいじめの予防と対処

ロリ・アーンスパーガー【著】
奥田健次【監訳】
冬崎友理【訳】

A5判●定価 3300 円

「認識すること（Recognize）、対応すること（Respond）、報告すること（Report）」という３Rの枠組みを中心に導入方法を解説。

## いじめ

# いじめられっ子の流儀
知恵を使ったいじめっ子への対処法

ケイト・コーエン・ポージー【著】
奥田健次【監訳】
冬崎友理【訳】

四六判●定価 1760 円

意地悪な攻撃やからかいに悩まされる人、そのよう人たちを支える親や指導者、そして、人付き合いに悩むすべての人たちに勇気を与える１冊。

## 幼児支援

# 保育者ができる 気になる行動を示す幼児への支援
応用行動分析学に基づく実践ガイドブック

野呂文行・高橋雅江【監修】
永冨大舗・原口英之【編著】

B5判●定価 2090 円

現場で子どもたちの示す問題に関する事例を示しながら、問題解決に必要な、行動を分析する方法を応用行動分析学の視点から解説。

## 発達障害

こんな理由があったんだ！
# 「気になる子」の理解からはじめる 発達臨床サポートブック

綿引清勝【著】
イトウハジメ【絵】

A5判●定価 1870 円

保育所・幼稚園・小学校等の教育・保育現場や子育てで実践的に活用できるように、つまずきの理解と支援方法が満載。

## 特別支援教育

「子どもの気持ち」と「先生のギモン」から考える
# 学校で困っている 子どもへの支援と指導

日戸由刈【監修】
安居院みどり・
萬木はるか【編】

B5判●定価 2200 円

先生のギモンや子どもの気持ちの背景にある発達特性を知り、適切な支援につなげることができれば、先生も子どもも、もっと楽になるはず！

## 特別支援教育

「自分に合った学び方」
「自分らしい生き方」を見つけよう
# 星と虹色なこどもたち

星山麻木【著】
相澤るつ子【イラスト】

B5判●定価 2200 円

さまざまな特性のある、こどもたちの感じ方・考え方を理解し、仲間同士で助け合うための方法を提案。一人ひとりのこどもを尊重するために。

税 10％込みの価格です

学苑社　Tel 03-3263-3817　〒 102-0071 東京都千代田区富士見 2-10-2
Fax 03-3263-2410　E-mail: info@gakuensha.co.jp　https://www.gakuensha.co.jp/